바실리 수호믈린스키

아이들은 한 명 한 명 빛나야 한다

세계 교육석학에게 배운다 2

바실리 수호믈린스키

아이들은 **한 명 한 명** 빛나야 한다

앨런 코커릴 지음   함영기 옮기고 고쳐 씀

한울림

바실리 수호믈린스키 Василь Олександрович Сухомлинський

바실리 수호믈린스키(1918-1970)는 20세기 가장 영향력 있는 교육자 중의 한 사람으로 우크라이나 중부에 있는 시골학교에서 20여 년간 교사이자 교장으로 일했다. 이 기간에 그는 수많은 책과 기고글을 통해 자신의 교육 경험담을 전했고, 그의 교육론에 매료된 사람들이 각지각처에서 찾아와 파블리시 학교의 교육적 실천을 배웠다. 그는 아이들을 향한 깊은 사랑을 바탕으로 지성과 신체, 직업교육뿐만 아니라 도덕과 미적 차원의 조화로운 발달을 강조했다. 이러한 수호믈린스키의 전인교육론은 시대를 넘어 국경을 넘어 오늘날 세계 각지에 있는 교육자들에게 지속적인 영감을 불어넣고 있다.

수호믈린스키의 전인교육을 재조명하며

〈교육기본법〉은 교육에 대한 국민의 권리와 임무를 비롯하여 국가와 지방자치단체의 책임, 그리고 교육 전반의 제도와 운영에 관한 기본적 사항을 규정하고 있다. 이 법 2조는 교육이념을 다음과 같이 설명한다.

교육은 홍익인간의 이념 아래 모든 국민으로 하여금 인격을 도야하고 자주적 생활능력과 민주시민으로서 필요한 자질을 갖추게 함으로써 인간다운 삶을 영위하게 하고 민주국가의 발전과 인류 공영의 이상을 실현하는 데에 이바지하게 함을 목적으로 한다.

교육이념은 우리 교육이 지향해야 할 가치를 한 문장에 녹여낸 것이다. 이 법의 나머지 조항들은 교육이념을 제대로 실현하기 위한 조건과 방법, 장치들을 다룬다. 주요 내용은 학습권, 교육의 기회균등, 교육의 자주성과 중립성, 교육재정, 의무교육, 학교교육 등이며, 이 밖에도 교육 당사자로서 학습자, 보호자, 교원, 교원단체 등에 대한 사항을 규정한다.

널리 인간 세계를 이롭게 한다는 홍익인간의 정신을 구현하기 위해서는 우선 인격을 도야하고 자주적 생활능력과 민주시민의 자질을 갖추어야 한다. 이러한 자질을 갖추게 되면 인간다운 삶은 물론이고, 민주국가와 인류공영의 이상을 실현하는 데 주도적으로 참여할 수 있다. 국가와 세계의 이상을 실현하는 것은 사회적 참여를 통해 이룰 수 있다. 사회적 참여는 시민의 책임이기도 하다.

이 같은 능력과 자질을 갖추기 위해서는 몸과 마음의 조화로운 발달을 요구한다. 인간의 여러 능력 중 어느 한 가지만 특별하게 뛰어나다든지, 제각각 발휘되는 것이 아니라 유기적 관련을 맺으며 조화롭게 발달하는 것이 바로 '전인적 발달'이다. 다시 말해 오늘날 홍익인간이 향하는 곳은 심신의 조화로운 발달을 통해 사회에 주도적으로 참여하는 시민을 기르는 것이다.

파블리시 학교에서 교사와 교장의 역할을 동시에 수행했던 수호믈린스키는 심신의 조화로운 발달이 갖는 중요성을 익히 알고 있었고, 그것을 구체적인 교육 상황에서 실천으로 녹여냈다. 아울러 국가와 사회의 일원으로서 개인이 갖는 권리와 책임에 대해서도 깊이 성찰하였다. 그가 정리하는 전인적 발달의 다섯 가지 영역은 오늘날 우리 교육에도 잘 들어맞는다. 도덕은 모든 영역 중 기본이다. 그가 몸을 중시한 것은 건강에 대한 단순한 관심을 넘어 몸을 통하여 감각을 익히고 표현하는, 경험 획득의 가장 중요한 유기체로 생각했음을 말해준다. 여기에 지식교육과 노동교육, 그리고 예술교육을 더하여 그가 말하는 전인적 발달의 영역을 완성하고 있다.

이렇게 보니 〈교육기본법〉이 규정한 교육이념을 잘 구현하기만 해도 우리 교육은 전인적 발달과 시민교육을 병행할 수 있을 것 같다. 그러나 현실은 그렇게 녹록지 않다. 법률은 시행령을 통하여 구체화되고 다시 훈령이나 규칙, 조례 등으로 촘촘하게 교육 상황을 규정한다. 특히 한국에서와 같이 교육이 본질적 가치보다는 사회적 신분 상승의 주요 수단으로 기능하는 곳에서는 헌법이나 법률에서 다루는 교육의 목적과 실제 현실에서 나타나는 교육 상황의 괴리가 크다.

교육을 개선한다는 것은 이러한 괴리를 드러내고, 그 간격을 좁혀가는 길고도 험난한 작업이다. 수호믈린스키는 이상과 현실의 괴리가 훨씬 큰 소련 사회에서 자신의 교육적 실천에 전인적 발달과 시민교육의 내용을 담았다. 오늘 우리가 경험하는 교육보다 훨씬 어려운 상황에서 그는 20년 이상 고군분투하였다.

내가 처음 수호믈린스키를 만난 건 2011년 초였다. 고인돌 출판사에서 나온 《선생님들에게 드리는 100가지 제안》이라는 책을 통해서였다. 이 책 제목 위에 쓰인 '수호믈린스키의 전인교육론'이라는 부제는 내 관심을 끌기에 충분했다. 600쪽 분량이나 되는 이 책은 시작부터 끝까지 그의 생생한 아이디어와 실천으로 가득했다. 단숨에 책을 읽고 당시 함께 공부하던 선생님들의 공부 교재로 채택하였다. 그리고 2년 뒤에 같은 출판사에서 《아이들에게 온 마음을》이라는 수호믈린스키의 대표작이 번역되어 나왔다. 이 책은 《선생님들에게 드리는 100가지 제안》에 비해 좀 더 실천적 사례가 많이 담겨 있었다. 그리고 이때 이미 나는 수호믈린스키의 강력한 지지자가 되어 있었다. 강의 때마다 소개했고, 졸저 《교육 사유》(2014)에도 한 대목을 인용하였다.

《바실리 수호믈린스키, 아이들은 한 명 한 명 빛나야 한다》 원서를 처음 접한 것은 2년 전인 2017년이었다. 교사들의 공부를 돕는 책을 준비하던 중에(물론 그 가운데는 수호믈린스키 사상에 대한 공부가 빠질 수 없다) 한울림 출판사 대표가 이 책의 원문을 구해 왔다. 그러나 그때는 내가 교육청의 정책담당 장학관으로 근무하던 터라 이 책을 들여다볼 여유가 거의 없었다. 상당 기간 밀어 두었다가 다시 꺼내 읽기를 반복하면서 2년이라는 긴 시간이 흘렀다. 이 책에 집중하여 작업한 시기는 2019년 초부터이다.

이 책은 수호믈린스키의 교육이상과 실천을 다룬다. 서구권에서 수호믈린스키를 연구한 여러 교육자 중 호주의 앨런 코커릴은

퀸즐랜드대학교에서 수호믈린스키 연구로 박사학위를 받았다. 애초에 그가 관심을 가졌던 분야는 소련의 도덕교육에 관한 전반적인 연구였다. 앨런은 사전조사 과정에서 수호믈린스키의 업적을 다섯 권으로 정리한 컬렉션을 구입할 기회를 얻는다. 당시 앨런은 수호믈린스키의 글이 너무 흥미로워서 눈을 뗄 수 없었다고 회고한다. 결국 그는 전체 논문을 그의 교육적 사상을 연구하는 데 바치기로 결정한다.

나는 이 책을 소개하면서 보통의 번역 방식에서 벗어나고자 하였다. 앨런이 쓴 원문 체계를 그대로 따르는 것도 한 방법이겠지만 현실적인 몇 가지 문제들이 책의 구성을 고민하게 했다. 나는 전인적 발달에 대한 수호믈린스키의 생각과 그 실천에 관심을 집중하고 싶었다. 그러나 소련 사회에서 당의 결정에 반하는 교육을 할 수 없었던 수호믈린스키는 실천을 통해 사회주의 건설자를 기른다는 것이 교육적으로는 정확하게 조응하지 않는다는 것을 알고 있었던 듯하다.

이 책의 원문에는 그러한 과정들이 기술되어 있었으나 전체 맥락을 해치지 않는 범위에서 전인적 발달과 시민교육 영역을 제외한 나머지 영역들에서는 일부 생략한 부분이 있음을 미리 밝힌다. 또한 원문을 옮기고 고쳐 쓰는 과정에서 전인적 발달과 시민교육이라는 중심 이슈에 맞게 글을 전체적으로 재구조화하였다. 아울러 국내 독자들의 이해를 돕기 위한 추가 집필도 있었다. 추가 집필은

되도록 원문의 흐름에 맞게 진행하였다.

　이 책의 중심 테마는 '전인적 발달'에 대한 수호믈린스키의 생각과 실천이다. 그러나 학문적 성취를 이룬 그의 지적, 실존적 배경을 소홀히 해서는 안 된다. 수호믈린스키가 파블리시 학교에 모든 것을 쏟아부으며 온전히 집중할 수 있었던 배경에는 그의 비참한 가족사가 있다.

　독일과의 전쟁에서 부상을 입고 돌아온 수호믈린스키가 접한 것은 아내와 아이의 참혹한 죽음이었다. 그의 아내는 독일 점령 지역에서 저항군을 돕는 역할을 수행하다 게슈타포에게 붙잡혀 모진 고문을 당했다. 게슈타포는 그의 아내가 보는 앞에서 아이를 살해했고, 끝내 아내마저 교수형에 처했다. 수호믈린스키는 이 소식을 듣고 극도로 분노하여 다시 전장으로 돌아가길 원했지만, 부상으로 인해 더는 군 복무가 불가능했다. 그때부터 수호믈린스키는 슬픔과 분노를 일에 대한 열정으로 바꾸어 갔다. 즉 수호믈린스키의 엄청난 에너지는 슬픔과 분노를 교육적 과업으로 승화시킨 것이었다.

　수호믈린스키가 열정적으로 활동했던 시기의 소련은 집단주의에 큰 의미를 두었다. 개인은 집단을 위해 기꺼이 희생해야 한다는 논리가 상식처럼 통용되던 시대였다. 특히 그 당시 소련의 교육 방향에 큰 영향을 미쳤던 마카렌코는 집단주의적 방식을 고집했다. 이러한 교육 방향과 달리 수호믈린스키의 아름다움을 느끼고 표현하는 교육, 지식을 탐구하고 노동의 가치를 소중하게 여기는 교육은 실존적 개인을 출발점으로 하고 있었다.

이러한 점에서 수호믈린스키는 교육 당국과 마찰을 빚었지만 자신의 의지를 굽히지 않았다. 이 책《바실리 수호믈린스키, 아이들은 한 명 한 명 빛나야 한다》는 바로 그 결실이다. 여기서 '한 명'은 공동체 목표에 희생하는 개인이 아닌 개개인이 소중하게 빛나는 상태를 말한다. 어찌 보면 수호믈린스키의 교육이상은 '사회주의적 인간형'을 향하고 있고, 그것을 실현하는 방법론으로 전인교육을 도입하고 있는 듯 보인다. 하지만 전반적인 맥락을 보면, 수호믈린스키는 단지 장소적 의미로서 소련에서 교육적 실천을 했을 뿐 실제로는 파블리시 학교를 독립적이며 자주적인 교육기관으로 사고했고, 그가 생각하는 모든 교육이상을 그곳에서 실험했다. 이로 인해 당의 의심도 받았고, 해명을 요구받기도 했지만 그는 생이 다할 때까지 오로지 아이들을 위해 헌신했다.

파블리시 학교에서는 철저하게 학교와 가정의 연계 속에서 교육적 실천이 이루어졌다. 아이들은 초등학교에 입학하기 전에 학교에서 부과하는 '자연으로 떠나는 소풍' 프로그램에 참여했다. 이는 오늘날 우리가 말하는 선행학습과는 전혀 다른 개념이다. 입학을 한 후에도 아이들은 상당 기간 교실에 입실하지 않고 학교 주변의 자연 속에서 수업을 받았다. 또한 파블리시 학교가 비중을 두어 진행했던 것 중의 하나는 바로 부모교육이었다. 수호믈린스키는 학생이 학교에 입학하기 2년 전부터 부모들에게 250시간 이상의 교육에 의무적으로 참여하게 했다. 부모들은 이 과정에서 교육학과 심리학, 그리고 아이의 건강관리 등에 대한 교육을 받았다. 이는 우리 교육에 주는 시사점이 매우 큰 대목이다.

아울러 파블리시 교직원들 간의 수준 높은 협력은 당시 소련 사회에서는 찾아보기 힘든 것이었다. 오늘날 북유럽 학교들이 그러하듯, 수호믈린스키는 교장으로서 교직원을 직접 선발, 관리했으며 또한 교사로서 수업에 참여했다. 필요한 경우 자신의 수업을 공개했고, 어떤 교사와도 전공 교과에 대하여 토론이 가능할 만큼 공부를 게을리하지 않았다. 이러한 방식에 적응이 힘든 교사는 과감하게 일정 기간을 쉬도록 하든지 다른 직업을 찾도록 했다. 이 역시 한국의 교육 현실에 주는 시사점이 매우 큰 대목이다.

나는 이 책을 매개로 한국의 교육 현실을 안타까워하는 많은 교육자들과 함께 수호믈린스키의 교육이상과 실천인 전인적 발달과 시민교육에 대해 활발한 논의가 이루어지기를 기대한다.

전인적 발달과 시민교육에 관심이 있는 교사, 교육자, 예비교사들이라면 이 책을 꼭 한 번 읽어보길 권한다. 특히 파블리시 학교의 생생한 사례는 이론과 실천이 어떻게 통합되고 진화하는지를 여실히 보여줄 것이라 생각한다. 현직교사라면 학습공동체 활동에서 교재로 택하여 서너 차례에 걸쳐 책을 읽고 생각을 나누는 방식으로 공부해도 좋을 것이다. 혼자 공부하는 독자라도 상관없다. 원문의 장과 절을 재배치하고 이를 연계하는 글을 추가로 집필하는 등 여러 노력을 기울였기 때문에 수호믈린스키의 사상과 실천을 이해하는 데 큰 무리가 없을 것이다.

　모쪼록 이 책을 계기로 한국에서 일어나는 혁신교육의 흐름에 수호믈린스키의 생각과 실천이 영감과 안목을 주기를 바란다.

함영기

차례

수호믈린스키의 삶

바실리 알렉산드로비치 수호믈린스키를 어떤 사람이라고 말해야 할까? 그는 어떻게 비교적 짧은 기간 동안 그토록 엄청난 업적을 이룰 수 있었을까? 누구보다도 그는 일에 대한 열정이 남다른 사람이었다. 그는 자기 자신을 완전히 잊어버릴 만큼 일에 파묻혀 살았다. 생을 마감할 때까지 10여 년간 통상적인 의미의 휴식을 취해본 적이 없었다. 휴일도 휴가도 쓰지 않았다. 그는 모든 시간과 에너지를 창조적인 일에 바쳤다. 그리고 자신의 경험을 통해 얻은 수많은 아이디어를 다른 사람들에게 온전히 전해주려고 모든 힘을 쏟아부었다. 또한 그는 자신의 에너지를 내면에 집중할 줄 아는 사람이었다. 그는 강인한 영혼과 의지를 가지고 있었다. 겉으로 보기에는 행동이 느리고 온화하며 낯선 사람들과 있을 때는 수줍음도

탔으나 내면은 넘치는 생명력으로 가득 차 있어 불가능한 것도 끝내 이루어내고야 마는 사람이었다.

안나 이바노브나 수호믈린스카야[1] (수호믈린스키의 아내)

교육만큼 개인의 인격과 성품이 큰 영향을 끼치는 분야는 별로 없다. 넓은 의미에서 교육은 학생과 교사의 개인적 관계를 통해 이루어진다. 그리고 교사가 학생에게 끼치는 영향은 학생이 교사를 존중하고 본받으려는 마음이 깊을수록 커진다. 수호믈린스키는 다음과 같이 말했다.

우리는 학생들을 다양한 방법이나 기술이 아니라 우리의 인격과 성품으로 감화시켜 교육한다.[2]

수호믈린스키의 사상을 제대로 이해하려면 그의 삶과 특성을 알아야 한다. 실제로 그의 교육성과에서 이론과 실천을 분리하기란 매우 어렵다. 서로 공고히 맞물려 있기 때문이다. 수호믈린스키의 모든 이론은 그가 실제로 가르치며 얻은 경험의 결과물이며, 모든 실천은 그의 이념과 이론적 탐색으로부터 얻은 확신에서 비롯된 것이다. 그가 우리에게 주는 교훈 하나 하나는 일생을 바쳐 쉬지 않고 진행된 실험의 일부였다.

수호믈린스키는 1918년 9월 28일에 태어나 크레멘추그시에서 약 40킬로미터 떨어진 우크라이나 남부의 바실리예프카 마을에서 자랐다. 그는 25세가 될 때까지 내전과 나치 점령의 참상을 겪은 지역에서 역사적 격동기와 마주했다. 이 기간 동안 그가 목격하고 경험한 고통은 그를 일에 몰입하게 만들었다.

1926년부터 1933년까지 바실리예프카에서 7년제 학교를 졸업한 수호믈린스키는 1934년 크레멘추그대학교 사범대학의 우크라이나어 문학부에 들어갔다. 그는 탁월한 학업 수행능력과 독립적 사고능력을 보였으며, 교수들의 관심을 한몸에 받았다. 하지만 1935년 중병에 걸려 학업을 중단해야 했다.

수호믈린스키에게는 큰 시련이었지만, 이 기간에 그는 자신만의 업무 방식을 확립할 수 있었다. 이때부터 그는 아이들을 가르치면서 공부를 하고, 동시에 연구활동에도 매진했다.

몸이 회복되고 나서 수호믈린스키는 바실리예프카 7년제 학교에서 교사로 근무했다. 이곳을 졸업한 지 얼마 되지 않은 시점이었다. 1938년까지 이곳과 자이브코프카 7년제 학교에서 근무를 했고, 동시에 폴타바대학교 사범대학에서 교사 연수를 마쳤다. 그리고 사범대학을 졸업하자마자 중등학교에서 학생들을 가르칠 수 있는 자격을 갖추었다.

수호믈린스키는 바실리예프카에 위치한 학교에서 첫 교사 경험을 쌓는 동안 교수방법을 개발하고 발전시켰다. 그의 접근 방식에서 가장 중요한 요소는 교사와 학생 사이의 인간적 관계였다. 그는 교사가 수업시간이 아닐 때는 학생들의 친구가 되어주고, 학생 한 명 한 명에게 세심한 관심을 기울여야 한다고 여겼다. 특히 학습에 어려움을 겪는 학생들에게 더욱 그러해야 한다고 생각했다. 수호플린스키는 그날그날의 경험을 되돌아보고, 학생들이 직면한 문제를 분석하는 일기를 썼다. 그는 나중에 자신의 저서에서 다음과 같이 기술했다.

여러분 앞에 40명의 학생들이 있다. 언뜻 보면 모두가 비슷하다. 심지어 외형적 특징들마저도 비슷해 보인다. 하지만 숲과 들판으로 몇 번 산책을 다녀오면 학생 한 명 한 명이 그 자체로 하나의 독특한 세계라는 것을 확신하게 된다.

만약 여러분이 이러한 세계를 만나 학생 저마다의 개성을 감지한다면, 그리고 학생 저마다의 기쁨과 슬픔에 관심을 갖고 마음을 쓴다면 어떨까?

여러분은 교사라는 고귀한 일을 자신의 직업으로 선택할지도 모른다. 그리고 그 안에서 창조하는 기쁨을 맛볼 것이다. 교사에게 창조는 무엇보다도 인간을 알아가고 발견하는 과정이자 인성의 다양함과 무궁무진함에 대해 경이로움을 느끼는 과정이기 때문이다.[3]

수호플린스키가 폴타바대학교 사범대학을 졸업한 후 오누프리예프카 고등학교에서 근무할 당시 그의 나이는 스무 살도 채 되지 않았다. 하지만 그는 이미 교육에 대한 신념이 확고했으며 그것을 지켜낼 준비가 되어 있었다. 이를테면 교사가 아무리 박식하고 물 흐르듯 수업을 한다 하더라도 학생들의 개별적 요구를 이해하지도, 그 요구에 반응하지도 못한다면 훌륭한 교사가 될 수 없다고 믿었다. 또한 자신이 담당한 학생 저마다의 내면세계에 공감할 수 없다면 좋은 교사가 될 수 없다고 생각했다.

한마디로 말해 수호믈린스키는 강압적 교육이 아닌 감화를 통한 교육의 힘을 믿었다. 그는 학생이 자기주도 학습을 하지 않는다면 교사의 노력은 장기적 관점에서 무용지물이라고 보았다. 또한 강압적인 방법은 자기주도 학습을 가로막는다고 여겼다. 교사는 학생을 믿고 교육의 힘을 믿어야 한다. 신뢰가 부족하면 믿음이 흔들리고 주도성이 무너지기 때문이다.

젊은 나이에, 학교에서 근무한 지 겨우 1년 뒤 그는 퇴임하는 교감의 추천으로 교감에 임명되었다. 그러나 그가 새로운 관리자 자리에 오르자 몇몇 경력이 많은 교사들과 갈등이 생겼다. 형식적이고 권위적인 방식으로 아이들을 가르치는 데 익숙한 그들은 수호믈린스키와 같은 젊은 사람에게 지적받는다는 사실에 몹시 분개했다. 한 교사는 수호믈린스키가 교사들에게 비현실적이고 정치적 의의를 찾기 어려운 요구를 한다고 지방 교육 당국에 불만을 토로하였다. 그 때문에 장학관을 학교로 파견하였고, 교감 직무에 대한 감사도 실시하였다. 감사 결과 수호믈린스키의 지도를 받은 학생들 중 교육과정을 소화하지 못한 학생 수는 이전 시험과 비교했을 때 14퍼센트에서 6퍼센트로 줄어든 반면에, 불만을 토로했던 교사의 지도를 받은 학생들의 불합격률은 오히려 증가한 것으로 나타났다.

1941년 수호믈린스키의 교육 경력은 전쟁으로 중단된다. 전쟁은 그가 일하며 살고 있었던 지역을 파괴했으며, 개인적으로도 큰 고통을 안겨주었다. 그리고 그의 세계관과 교육철학 형성에 지대한 영향을 끼쳤다. 그는 사회주의를 진보 세력과 동일시했으며, 한 개인의 전인적 발달을 촉진하는 인간애와 동일시했다. 이에 반하는, 즉 인간의 가치를 상업적 이익보다 아래에 두는 보수 세력에는 동조하지 않았다.

1941년 전쟁이 발발하자 수호믈린스키는 곧바로 군대에 소집되었다. 젊은 아내인 베라 포브샤와 작별 인사를 할 겨를도 없었다. 사실 그해 학기가 끝나면 그는 아내가 태어난 고향 마을로 내려갈 생각이었다. 그러나 전쟁으로 인해 계획과는 달리 그는 모스크바 근처에서 몇 주간의 훈련을 마친 후 군대의 정치교육을 담당하는 하급장교가 되었다.

1942년 2월, 수호믈린스키는 전투에서 심한 부상을 입는다. 왼팔이 어깨 부근에서 거의 절단되다시피 하고, 금속 파편들이 가슴에 박히는 중상이었다. 어떤 파편들은 너무 심장 가까이 박혀 제거 수술을 할 수가 없었다. 이 파편들은 그가 죽을 때까지 그대로 남아 사망의 한 원인이 되었다. 그의 왼팔은 완치가 불가능했고, 결국 후

유증이 남았다. 군병원에서 5개월을 지낸 뒤, 그는 현역군으로는 부적합하지만 교사로서는 충분히 일할 수 있을 만큼 회복되었다는 판정을 받고 퇴원했다.

독일군이 우크라이나 남부를 점령하고 있던 시기에 수호믈린스키는 당시 점령되지 않은 우바라는 작은 마을의 한 중등학교에서 교장 직책을 맡았다. 이곳에서 그는 학생들의 교육뿐만 아니라 전쟁으로 인한 궁핍함과 상실감으로 힘들어하는 가족들의 아픔에도 관심을 기울였다.

1944년 우크라이나 남부가 해방되고 얼마 뒤 그는 아버지와 아내의 사망 소식을 뒤늦게 들었다. 특히 아내의 죽음과 관련된 이야기는 그를 몹시 괴롭혔다. 우크라이나의 저항 운동을 도왔던 아내가 게슈타포에게 붙잡혀 모진 고문을 받다가 결국 교수형에 처해졌으며, 심지어 아내가 아이를 출산했는데 그녀가 보는 앞에서 갓 태어난 아이를 살해했다는 참담한 이야기를 들었기 때문이다. 여러 해가 지난 뒤 수호믈린스키는 가장 칭송받는 자신의 저서 《아이들에게 온 마음을》 독일어판 저자 후기에서 아내와 아기의 운명을 접한 당시의 슬픔과 분노를 이렇게 표현했다.

마을로 돌아온 뒤 나는 다시 달려 나가 싸우고 싶었다. 그 짐승 같은 게슈타포 장교의 면상을 직접 보고 싶었다. 어떻게 그런 짐승들이 인간의 어머니로부터 태어날 수 있는지 알고 싶었다. 하지만 나는 더 이상 군복무를 할 수 없었다. '제한된 임무'조차 내게 적합하다는 판정을 내린 위원회는 없었다.

나는 학교로 돌아왔다. 일, 일, 일, 나는 일만 했다. 적어도 슬픔을 어느 정도 잊을 수 있었다. 온종일 아이들과 함께 지낼 땐 괜찮다가도 새벽 두세 시경이면 잠에서 깨 다시 잠들 수가 없었다. 그러면 일을 했다. 나는 오로지 아침이 빨리 오기만을 기다렸다. 아이들의 목소리가 울려 퍼지는 그때를 기다렸다. 지금도 매일 아침 나는 아이들을 기다린다. 아이들과 함께 할 때 나는 행복하다.[4]

수호믈린스키는 죽을 때까지 믿기 힘들 만큼 엄청난 하루 일과를 소화해냈다. 일에 열중하는 것은 슬픔과 분노로부터 탈출하는 그 나름의 방법이었다. 새벽 시간을 활용해 외국어를 익히고 글을 썼으며, 낮에는 교사와 교장의 의무를 다했다. 매일 오전 4시부터 8시까지 그는 책상에 앉아 정해진 일과를 수행했는데, 이 시간을 이용해 엄청나게 많은 글을 썼다.

1944년 수호믈린스키는 우바 지역의 장학관이었던 그의 두 번째 아내 안나 이바노브나와 함께 오누프리예프카로 돌아갔다. 그들은 23년간 파블리시 학교에서 일하며 두 자녀를 양육했다.

오누프리예프카로 돌아오자마자 수호믈린스키는 교육부 지역 관할청장이라는 직책을 맡았다. 그리고 전쟁으로 황폐해진 지역의 학교들을 되살리는 일을 지휘하고 감독하였다. 수많은 학교의 재건과 재단장뿐만 아니라 전쟁으로 상처받은 아이들의 마음까지 치유해야 하는 임무가 교사들에게 떨어졌다. 많은 아이들이 한쪽 또는 양쪽 부모를 잃은 것은 물론, 일반적인 사회관계의 붕괴로 큰 상처를 입었기 때문이다. 아버지가 누구인지 모르는 아이들이 있는가 하면, 부당 이득이나 다른 범죄 행위에 연루된 부모들도 있었다. 이러한 아이들에게 어떻게든 어린 시절을 되찾아주어야 했다.

수호믈린스키는 관리자 위치에 있으면서도 학생들을 가르치는 일을 손에서 놓지 않았다. 그는 자청하여 1948년 파블리시 지역에 있는 초중등 통합학교의 교장직을 맡았다. 그리고 1970년 그가 숨을 거둘 때까지 교장으로서 책무를 다했다. 파블리시 학교에서의 23년은 그의 인생에 있어서 최고의 결실을 맺은 시기였다. 지나간 과거가 그의 삶과 교육관을 형성하는 데 큰 영향을 끼쳤다면, 이 시기는 자신의 실천적 교육이상을 실현하기 위한 길고도 고통스러운 임무를 수행한 기간이었다.

그의 저서들을 살펴보면 눈에 띄는 점이 있다. 학교가 성장하면서 학생들과 교직원 모두가 지역사회의 지원을 받아 학교의 물적 자원을 만들고 유지하는 데 점점 더 많은 역할을 했다는 점이다. 예를 들어 학교 건물 건축, 정원 가꾸기, 원예, 선반과 전동 공구의 제작, 청소와 유지 관리 등은 학교 구성원과 지역 주민의 노동을 통해 이루어졌다.[5] 수호믈린스키는 학교와 지역사회에 진정으로 도움이 되는 프로젝트를 노동교육에 포함해야 한다고 여겼다. 또한 학생들 스스로 자신이 공부하고 있는 환경에 책임감을 느낄 줄 알아야 한다고 생각했다.

수호믈린스키는 전쟁의 후유증에 시달리는 아이들의 정서 문제를 다룰 때도 그들의 특수한 요구를 인식해야 한다고 강조했다.

나는 그 당시에 모든 교사로부터 내 교육적 신념을 인정받는 일이 가장 급선무라는 생각을 했다. … 나는 진정한 인문주의를 통해서만 우리가 직면한 수많은 문제들을 해결할 수 있다고 교사들을 설득하려 애썼다.[6]

이는 한 번에 두세 시간씩 이어진 개별 교사와의 논의에서도 마찬가지였다.

교사들과 개인적으로 마음을 터놓고 솔직하게 담소를 나누는 것은 교장의 주요 업무 중 하나이다. 교육은 내면의 존재와 관계하는, 가장 포착하기 힘든 활동이다. 나는 학생에 대한 교육자의 영향력을 음악의 영향력에 비유하곤 한다. 톨스토이는 '강제적으로 내면세계에 영향을 미치려는 시도는 억지로 햇빛을 손으로 잡으려는 것과 같다. 아무리 햇빛을 막으려 해도 태양은 하늘 위에서 늘 빛나고 있다.'고 말했다. … 나는 교육과정에 대해 그 어떤 지시도 내린 적이 없다. … 그것은 완전히 쓸데없는 짓이다. 나는 교직

원 회의 시간에 교사들과의 의견 차이에 대해서 단 한마디도 언급한 적이 없다.[7]

그러나 교사와 개인적으로 대화를 나누면서 자신과 반대되는 접근 방식이 학생의 발달에 해롭다는 판단이 설 경우, 집요할 정도로 고집스러운 태도를 취했다.

한번은 5학년 교실에서 학생들의 숙제를 검사하던 문학교사가 나약해 보이는 한 학생의 이름을 불렀다. 이 학생이 쓴 글의 문장 하나가 마음에 들지 않았던 것이다. 교사는 아무런 말도 없이 손사래를 치며 학생에게 숙제를 돌려줬다. 그리고 그 학생은 그날 저녁 내내 울었다.

이 일은 교사의 태도에 문제가 있음을 증명하기 위해 오랜 시간 논의가 필요한 사안이었다. 또한 의도치 않은 몸짓에도 교육적 태도가 드러난다는 사실을 교사에게 일깨워줘야 했다. 그것은 학생에 대한 무관심, 부족한 학생에게도 재능이 있다는 신념의 부족, 열등한 학생은 계속 열등한 학생으로 남을 것이라는 선입견에서 비롯된 것이었다. 내가 이 교사를 설득할 수만 있다면, 그래서 학생들을 가르칠 때 교사가 올바른 신념을 보여주기 시작한다면(물론 이것은 단 한 번의 대화로, 오로지 대화만으로 성취할 수 있는 것이 아니다), 그때야말로 교장으로서 나의 임무를 다한 것이라 생각한다.[8]

수호믈린스키가 파블리시 학교에서 하는 모든 업무의 밑바탕에는 학생과 교사에 대한 믿음, 그리고 아무리 복잡한 문제라도 해결책이 존재한다는 믿음이 있었다. 그는 교사들을 괴롭히는 고질적인 문제들에 대해서도 어쩔 수 없다고 체념하고 손을 놓기보다는 늘 돌파구를 마련하려 애썼다. 문제 해결을 위해 학교의 모든 교직원에게 도움을 구하거나 그들의 경험을 빌려 실마리를 찾곤 했다.

먼저 그는 문제점을 인식하려 노력했다. 한번은 다수의 학생이 공부에 집중하지 못하고 수업시간에 아무런 의욕 없이 형식적인 대꾸만 하는 것을 목격한 수호믈린스키는 성찰을 통해 어떠한 결론에 이르렀다. 그것은 학생들이 그저 책에 있는 지식이나 정보를 수동적으로 받아들이고 있을 뿐, 스스로 사고하는 방법이나 배운 내용을 자신의 실제 경험과 연결시키는 방법을 배우고 있지 않다는 깨달음이었다.

수호믈린스키는 교직원 회의 시간에 다른 교사들과 함께 자신이 우려하는 바를 공유했다. 그리고 그들의 다양한 경험을 바탕으로 문제를 논의했다. 이처럼 수호믈린스키와 교사들은 머리를 맞대고 해결 방법을 찾았고, 이를 다양한 방식으로 실험했다.[9]

이러한 문제를 해결하기 위해 개발된 여러 활동 가운데 '자연으로 떠나는 소풍'이 포함되어 있었다. 아이들은 들판과 숲속을 거닐며 인과관계를 익히고, 자연에서 관찰한 복잡성과 미묘함을 어휘로 표현하는 과정을 통해 언어능력을 발전시켰다. 학교에서 제공하는 다양한 동아리 활동도 큰 도움이 되었다. 과학, 기술, 농업, 예술 등 다양한 분야의 동아리 활동은 아이들이 저마다의 지식을 활용해 볼 기회를 제공해주었다. 이렇게 성공을 체험한 교사들은 다른 교사들에게 방법을 전수해주었고, 점차 학교의 모든 수업방식은 굉장히 창조적으로 발전해나갔다.

학교에서 어떠한 문제가 잘 해결되고 큰 진전이 있을 때마다 수호믈린스키는 대단히 만족해했다. 그리고 이러한 교육 경험을 기고문이나 논문으로 풀어내곤 했다. 1945년 지역 신문에 교육에 관한 그의 글이 실린 것을 시작으로, 1949년부터는 전국 신문에 그의 글이 실렸다.

1951년 수호믈린스키는 키예프에 있는 우크라이나 교육연구소의 초청으로 대학원 과정을 시작했다. 교육과정에서 교장의 역할이 그의 연구과제였다. 그는 대학원 공부와 논문 저술, 그 밖의 다른 업무를 동시에 수행했다. 그리고 1955년 키예프대학교에서 성공적으로 논문 심사를 마치고 칸디다트 학위(박사학위와 대등)[10]를 받았다.

그해 수호믈린스키는 교장 업무와 교사 업무를 병행하기로 결심한다. 관리자 역할만 하는 것이 만족스럽지 못했던 것이다. 그는 교사들과 똑같은 일을 수행해야 교직원들을 제대로 훈련시킬 수 있다고 판단했다. 또한 그는 학생들과 더욱 친밀한 관계를 맺으려고 애썼다. 이것은 교사로서 수업을 할 때만 얻을 수 있는 기회였다.

나중에 수호믈린스키는 자신의 결정에 대해 이렇게 말했다.

> 병원에서 근무하는 의사에게 환자가 없다면 진정한 의사라고 할 수 없듯이 학교 교장도 마찬가지이다. 가르치는 학생들이 없다면 교사들을 움직이게 할 수 없다.[11]

그는 수업교사로서의 실제 경험에다가 교사교육, 행정업무, 연구, 글쓰기를 결합한 혁신적인 업무 방식을 만들었다. 수호믈린스키 사상의 열렬한 옹호자였던 교육기자 사이먼 솔로베이치크는 파블리시 학교의 교육과정을 유지하는 그의 업무 능력에 대해 다음과 같은 글을 쓴 적이 있다.

> 파블리시 학교 교사들과 이야기를 나눠본 사람이라면 수호믈린스키가 교사들을 교육하는 것 외에는 아무 일도 하지 않는다는 인상을 받을 것이다. 그가 수업을 참관할 때면 10번 내지 15번 정도 계속해서 한 교사의 수업에 들어간다. … 먼저 개별 수업을 분석하고 그런 다음 전체적인 '수업체계'를 분석한다. 신입교사를 훈련시키는 경우라면 이 교사의 수업을 참관하고 과제물을 내주고 이 교사 한 명을 위해 공개 수업을 한다. … 그리고 이것을 6년에서 8년이라는 장기간에 걸쳐 수행한다. … [수호믈린스키의 영향으로] 대부분의 교사들은 학술 기사를 썼다. … 그러면서도 동일한 철저함과

진지함으로 스스로 어마어마한 노력을 기울여 학급교사로 일하고, 학교를 관리하고, 수업을 담당했으며 저술활동에도 힘썼다. 또한 학부모들과 연계해서 일했다.[12]

수호믈린스키의 주요 저작들을 살펴보면, 시대별로 파블리시 학교에서 이루고자 했던 중심 과제가 무엇인지 알 수 있다. 1950년 대는 화합하는 학교 공동체를 만들고, 학생들에게 시민의 자질과 직업적 자질을 마련해주는 사회적인 것들에 중점을 두었다. 1960년 대에는 학생 개인의 심리적 발달 문제, 그리고 도덕적 사안에 좀 더 초점을 맞추었다. 1967년 이후 출간된 책들은 그의 모든 교육적 경험을 종합해서 다루고 있으며, 파블리시 학교에서 지난 23년간 발전시킨 교육체계의 전체적인 그림을 보여준다.

세월이 흐르면서 점차적으로 수호믈린스키는 가족 구성원을 대상으로 한 교육에 관심을 집중했다. 《부모교육》[13]이라는 제목으로 출간된 수필집을 보면 그가 이 문제에 얼마나 많은 관심을 가졌는지 짐작할 수 있다.

수호믈린스키는 아들 세르게이와 딸 올가, 이렇게 두 명의 자녀를 두었다. 그는 취학 이전의 시간을 굉장히 중요하게 여기며, 아기가 태어나 첫 5년 동안 남은 생애보다 더 많이 배운다는 톨스토이의 믿음을 인용했다. 아이가 학교에 다니는 동안 가정에서는 아이의 태도와 인성이 지속적으로 형성되는데 이것은 취학 전까지 만들어진 토대 위에서 이루어진다. 이 문제와 관련해 수호믈린스키는 다음과 같은 견해를 가지고 있었다.

긍정적 인성 발달을 촉진하는 교육체계란 오로지 학교와 가정의 협력 아래서만 가능하며, 학교가 이 과정을 시작해야 한다. 그리고 아동의 발달 과정에 대해 깊이 이해하고 있는 교사들이 자녀 양육에 있어 부모들에게 지침을 제공해야 한다.

이를 위해 수호믈린스키는 학부모들을 대상으로 아동발달과 가정생활에 관한 교육강좌를 열었다. 아이들이 학교에 입학하기 2년 전부터 시작하는 이 강좌는 학부모들의 폭넓은 지지를 받았다. 한 달에 두 번 열리는 교육강좌에 학부모들은 12년 동안, 또는 자녀들이 학교교육을 마칠 때까지 꾸준히 참여했다. 말년에 수호믈린스키는 상급반 학생들을 위해 가정생활과 자녀 양육에 관한 강좌들도 계획했다. 그는 국가 교육과정이 이러한 내용을 전혀 포함하지 않은 사실을 아쉬워했다.

몇 년 동안 우리는 이 땅의 젊은이들에게 결혼과 가정생활을 위한 도덕적 자질과 올바른 인간관계의 본질, 그리고 자녀교육 방법에 대해 가르쳤다. 이것들은 굉장히 중요한 주제이지만 교육과정에 할당된 시간이 따로 없기 때문에 이를 가르치기란 쉬운 일이 아니다. 하지만 그 어려움이 무엇이든 우리는 반드시 극복해야 한다. 이 주제는 수학, 물리, 화학과 같은 과목만큼이나 중요하기 때문이다. 물론 이러한 과목들의 지식이 없다면 우리는 과학의 문턱조차 넘지 못할 것이다. 하지만 인간 본성에 대한 지식은 이보다 훨씬 더 중요하다. 인간관계 향상에 관한 수업은 오늘날의 교육과정에는 없지만 내일의 교육과정에서는 가장 주목받는 수업이 될 것이다. 왜냐하면 우리는 인문주의 시대를 살고 있기 때문이다.[14]

이러한 강좌는 1984년에 실시된 교육개혁의 일부로 교육과정에 도입되었다. 수호믈린스키와 그와 비슷한 생각을 한 사람들이 이루어낸 결실이었다. 이 강좌를 목적으로 출간된 선집에는 수호믈린스키가 쓴 글이 몇 편 실려 있다. 《나의 아들에게 보내는 편지》에 실린 편지글 두 편과 짧은 인용문 몇 편이다.[15]

가정교육과 교육방식에 대한 수호믈린스키의 견해는 우크라이나 가정의 전통 관습에서 영향을 받았다. 특히 그의 할머니가 취했던 양육 태도는 수호믈린스키에게 굉장히 큰 영향을 미쳤다. 이를테면 어머니는 가정에서 도덕적 영향력이 크기 때문에 마땅히 존경받아야 하며, 아이들은 되도록 어릴 때부터 집안일을 도와야 한다는 식이었다.

수호믈린스키는 '아내는 가정의 세 기둥을 떠받치고 남편은 네 번째 기둥을 떠받친다', '일하지 않는 사람은 먹지도 말아야 한다'는 가정생활과 윤리에 대한 우크라이나 속담에 적극 동의했다. 그는 학생들의 이해를 돕기 위해 할머니에게서 들은 도덕적 교훈이 담긴 이야기들을 반복해서 들려주는 것을 좋아했다. 또한 그러한 이야기들을 직접 창작하기도 했다.

그의 또 다른 연구 주제는 심각한 학습장애가 있는 아이들의 교육에 관한 것이었다. 특히 기억력이 좋지 않은 아이들을 돕는 방법들을 상세히 다루었다. 그는 학습장애의 원인을 밝히고, 일반 교육과정을 소화해내도록 아이들을 보조하는 방법을 연구했다. 그 덕분에 이 분야에서 괄목할 만한 연구 성과를 거두었고, 그가 가르친 많은 학습장애 아이들이 고등교육기관에 입학하는 데 성공했다.

1950년대 후반 무렵 수호믈린스키는 교육계에서 유명인사가 되었다. 학교를 찾는 방문객들과 대표단이 점점 늘어났고, 그가 쓴 기사를 읽고 편지를 보내는 사람들도 많아졌다. 그의 교육방식이 세간의 인정을 받고 명성이 높아지자 논란의 소지도 함께 따라왔다. 교육계 기득권층, 특히 현장에서 실제로 수업을 하지 않는 학자들 중 몇몇이 그의 교육방식에 의구심을 품었다. 이들 중에는 언론을 통해 그를 공격하는 사람들도 있었다. 볼로그다대학교 사범대학의 교육심리학부 부교수인 리카체프는 수호믈린스키의 교육방식에 반대하는 대표적인 인물이었다. 그는 수호믈린스키가 '추상적 인문주의자'이고, 모든 사람을 용서하며, 안톤 마카렌코 사상에 반대하고, 집단을 희생하여 개인에게 초점을 맞춘다며 신문에 그를 비난하는 글을 썼다. 이에 대해 수호믈린스키는 자신의 생각을 이렇게 밝혔다.

기사를 끝까지 읽은 뒤 나 스스로 단단해지려고 노력했다. 그리고 아무 일도 일어나지 않았다고 혼자 되뇌었지만 그냥 넘길 수가 없었다. … 나는 아이들에게 사랑을 베푸는 일에 주의해야 한다는 주장에 동의할 수 없다. 인간애, 감수성, 애정, 따뜻함 속에 위험이 도사리고 있다는 그의 생각에 찬성할 수 없다. … 지난 30여 년 동안 학교에서 근무하면서 확신했다. … 지극히 일반적인 교육이란 소리를 지르지 않는 교육이며 협박하지 않는 교육이라는 사실을. 이것은 단순히 처벌 없는 교육을 의미하지 않는다. 처벌할 필요가 없는 교육을 의미하는 것이다. 나는 확신한다. 언젠가는 다른 사람을 때리고 모욕한다는 게 무엇인지 모르는 시대가 올 것이라고.[16]

수호믈린스키는 자신의 전시 경험을 떠올리며 이 글을 써내려 갔다. 그리고 아이들을 향한 애정과 전쟁의 공포에 대한 기억 사이의 연관성을 밝혔다.

전쟁 중 입은 부상은 수호믈린스키를 계속해서 괴롭혔고, 만성적인 과로는 후유증과 더불어 그의 건강을 점차 악화시켰다. 그는 전쟁이 끝나고 몇 차례나 병원에 입원해야 했다. 여전히 그의 폐 안에는 금속 파편들이 남아있었고, 심장 가까이에 박힌 몇몇 파편들은 그의 목숨을 위협했다. 게다가 그는 신부전증과 혈전증까지 앓고 있었다. 1966년에 이르러 병세가 몹시 깊어지자 의사는 그에게 휴식을 취해야 한다고 경고했다. 하지만 그는 의사의 경고를 무시

한 채 자신의 대표작들을 마무리하는 데 온 정신을 집중했다. 파블
리시 학교의 교장 업무도 포기하지 않았다. 그는 죽음이 가까워오고
있다는 것을 직감하고 있었다. 수호믈린스키가 1968년 10월 18일
키예프에 있는 출판사에 보낸 편지를 보면 이러한 사실을 확인할 수
있다.

> 치료가 불가능한 병으로 인해 가까운 미래에 연구활동을 중단할
> 수밖에 없을 것 같습니다. 그래서 라디안스카 시콜라 출판사에 나
> 의 모든 출간물의 권리를 받아달라는 요청을 했습니다. 그리고 완
> 성되어 출판 준비가 끝난 원고들도….[17]

1970년에 수호믈린스키는 이와 비슷한 편지를 교육잡지 《국민
교육》의 부편집장에게도 보낸다. 생애 마지막 저작물이자 가장 중
요한 원고들이 세상의 빛을 볼 수 있도록 애썼던 것이다. 놀랍도록
많은 일을 해냈던 마지막 3년간 완성한 원고들이었다. 그리고 이
기간은 그에게 명성을 가져다준 시기이기도 했다.

수호믈린스키는 새 학기 초인 1970년 9월, 눈을 감을 때까지
쉬지 않고 계속해서 일했다. 그를 살리기 위해 수술했던 의사들은
수호믈린스키의 상태가 절망적일 뿐만 아니라 그러한 심장 상태로
과중한 업무를 수행하며 버텼다는 사실에 놀라움을 금치 못했다.
수술 중에 혈전증으로 인한 심장 괴저가 확인될 정도였다. 결국 수

술 후 그는 끝내 의식을 회복하지 못했다.

　마을 사람들 모두가 수호믈린스키의 장례식에 참석해 그에게 경의를 표했다. 그리고 학생들은 장례 행렬의 선두에 서서 무덤으로 가는 길에 꽃잎들을 흩뿌렸다. 이것은 유명한 일화가 되었다.

Василь Олександрович Сухомлинський

1장

교육이상의 실현,
파블리시 학교

전인적 발달과 통합적 접근 방식

    수호믈린스키의 교육체계에 대한 가장 포괄적인 설명은 그의 저서 《파블리시 학교》에 잘 담겨 있다. 이 책에서 그는 교육체계의 다양한 요소들이 어떻게 각 학생의 통합적 발달을 촉진할 수 있도록 구성되어 있는지를 설명하고 있다. 또한 학교의 역할을 조명하고, '가능한 한 모든 각도에서 활용한 방법들을 설명할 뿐만 아니라 방법들 간의 내적 연관성과 상호의존성'을 밝히려고 애썼다.[18]

    《파블리시 학교》에서 수호믈린스키는 먼저 학교의 목표와 이상을 제시한다. 그런 다음 교직원 조직, 학교시설과 환경, 신체교육, 도덕교육, 지식교육, 노동교육, 예술교육을 여러 장에 걸쳐 설명한다. 이러한 주제들을 따라 계속 읽다 보면 확실히 깨닫게 된다. 교육의 다양한 측면들이 서로 분리되어 개별적으로 다뤄지지 않는다는 사실을 말이다. 즉 교육은 통합적 접근 방식을 통해 이루어진다. 그리고 여기에서 주요 관심사는 아이들의 신체, 도덕 그리고 심리적 발달이다. 이 같은 교육활동은 아이들을 가르칠 때 많은 기능을 제공했으며, 특별활동은 정규 교육만큼이나 중요할 때가 많았다.

수호믈린스키 접근 방식의 전형적인 예를 들어보자. 한 학생 모둠이 토질 개선과 농작물 경작, 품종 개량과 관련한 농사 프로젝트에 참여하고 있다. 프로젝트가 잘 수행되고, 이 활동이 이전 경험과의 맥락에서 이루어진다면 이것은 학생의 발달(신체, 도덕, 지식, 노동, 예술)에 기여할 것이다. 여기에서 이전 경험이란 학생 모둠이 이 활동을 통해 가장 많은 것을 얻도록 준비된 경험을 말한다.

그러한 활동이 아이들의 건강과 신체 발달에 최적으로 기여하려면, 먼저 신체 건강을 위한 전반적인 조치를 취해야 한다. 그리고 마치 스포츠를 즐길 때처럼 정서적 감흥이 치솟는 분위기 속에서 활동이 이루어져야 한다. 수호믈린스키는 노동과 스포츠 모두를 신체교육의 수단으로 보았다.

> 육체노동은 스포츠만큼이나 신체 발달에 매우 중요한 역할을 한다. … 노동의 과정에서 이루어지는 조화롭고 우아한 신체 동작들은 체조 동작에 비유할 수 있다(건초 베기, 벽돌 쌓기). 젊은이들은 집단 속에서 이러한 육체노동을 매우 즐겁게 수행한다.[19]

이러한 표현은 단순노동을 신성시한 톨스토이의 사상 속에서
도 존재한다. 또한 수호믈린스키는 노동이 야영과 같은 야외활동과
결합될 때, 즉 들판에서 모닥불을 피워놓고 건초더미에서 잠자는
기쁨과 결합될 때 건강에 기여하는 바가 더욱 크다고 주장했다. 그
는 대단히 낭만적인 사람이었다.

이러한 활동이 도덕교육에 효과적으로 기여하려면 사회적으로
유용한 노동에 참여했던 경험이 중요하다. 즉 어릴 때부터 노동의
기쁨을 체험해보는 것이 필요하다. 어머니를 돕는 자질구레한 집안
일부터 병든 가축을 돌보거나 지역의 공동농장에서 씨앗을 거두는
일까지 어떤 일이든 가능하다. 또한 아이들에게 삶 속에서 누리는
좋은 환경과 물건들의 배경을 알려주어야 한다. 그 모든 물건이 수
많은 사람들의 보이지 않는 노동의 결실임을 깨닫게 해야 한다. 이
러한 배경 설명은 아이들의 의식 속에 노동활동에 대한 도덕적 가
치를 심어주기 위해 꼭 필요한 일이다.

예를 들어 농업활동이 학생들의 지적 발달에 기여하려면, 학생
들이 농업과 관련한 자연과 기술에 대해 생각하고, 실제 작업을 과
학적, 이론적 관심 주제와 연관 지을 수 있어야 한다. 이 주제들이
학교 교과과정의 일부인지 아닌지는 큰 문제가 되지 않는다.

수호믈린스키는 학생들의 학업성취를 돕는 최상의 방법 가운
데 하나로 폭넓은 독서를 꼽았다. 그는 독서를 통해 학생들의 관심
사를 교과과정 밖으로 넓힐 수 있다고 믿었다. 그리고 노동활동이

야말로 학생들이 다양한 분야에 관심을 갖도록 자극하는 최고의 방법 중의 하나라는 것을 경험을 통해 깨달았다.

이러한 깨달음을 바탕으로 수호믈린스키는 노동교육이 도덕교육, 지식교육과 분리될 수 없다는 견해를 보였다. 누군가는 비록 책을 통한 가상 활동일지라도 모든 학생에게 기본적인 노동 기술에 대한 자신감을 심어주고, 몇몇 학생들에게는 미래의 직업과 관련한 능력과 소질을 발견하는 계기가 된다면, 이 역시 노동교육에 기여한다는 주장을 펼칠 수 있다. 그러나 수호믈린스키는 학생들이 자신만의 특별한 재능을 발견하려면 반드시 다양한 노동활동을 실제로 체험해봐야 한다고 생각했다.

그뿐만 아니라 어릴 때부터 자연의 아름다움, 훌륭하게 수행된 육체노동의 아름다움, 상호 간의 이상에 기반을 둔 인간관계의 아름다움의 진가를 알아볼 수 있도록 교육받는다면, 이 모든 활동은 아이들의 예술교육에도 기여할 것이라 여겼다.

교육적 전제에 근거한 교육활동의 효과에 대한 이러한 연관성은 수호믈린스키의 저서에서 반복되는 주제이다. 그는 《아이들에게 온 마음을》에서 이렇게 말했다.

학생들의 삶과 운명에 대해 논의할 때면 우리는 '교육적 영향의 조화'라는 문제에 대해 생각하게 된다. 가장 중요한 교육 법칙 가운데 하나를 설명하는 이 개념의 본질은 다음과 같다. 인격에 영향을 미치는 개별 교육방법의 효과는 다른 방법들을 얼마나 신중하게 계획하고, 잘 지도하고, 효과적으로 시행하는지에 달려 있다.

여러 가지 교육적 영향 사이에는 수십, 수백, 수천 가지의 상호의 존성과 조건 관계가 존재한다. 교육효과의 최종 분석은 이러한 상호의존성과 조건 관계가 실제로 작동하느냐에 따라 결정된다.[20]

이러한 개념의 영향력은 상당히 크기 때문에 교사가 권장 활동을 유능하게 수행하는 것만으로는 충분하지 않다. 교사의 노력은 아이들의 이전 경험들이 기틀 역할을 하는 경우에만 효과가 있다.[21] 이것은 수학과 같은 과목에서 명백하게 드러나지만, 인성 발달과 같은 영역에서는 명확하지 않다.

더욱이 이러한 교육활동들은 연속성을 갖고 지속적으로 수행되어야 하지만, 교직원 배치 문제로 중단되는 경우가 있다. 특히 공립학교의 경우 더 무거운 책임과 더 높은 급여가 주어지는 직책으로 교직원을 승진시키기 위해 다른 학교로 전근을 보내기도 한다. 이는 학교 내 안정성과 지속성을 떨어뜨릴뿐더러 교사들이 아동발달에 장기적인 관점을 유지하는 것을 불가능하게 만든다. 같은 이유에서 국립학교의 경우 일관된 철학과 정책을 발전시키기 어려울 수 있다. 교장의 임기는 길지만, 끊임없이 바뀌는 교직원 배치 문제에 있어 교장에게 발언권이 거의 없기 때문이다.[22]

《파블리시 학교》에 자세히 드러나 있듯이, 수호믈린스키는 전인적 발달을 목표로 통합교육체계를 만들려는 시도를 이어갔다. 이러한 교육과정의 많은 측면들은 마치 많은 꽃잎들이 하나의 완전한 꽃을 이루듯이 유기적 통일체를 만들려는 시도처럼 보인다.

광범위한 의미에서 학습은 우리가 교육이라고 부르는 꽃의 꽃잎들 중 하나일 뿐이다. 교육에는 중요하거나 중요하지 않은 것이 하나도 없다. 마치 꽃의 아름다움을 창조하는 수많은 꽃잎이 중요한 꽃잎과 그렇지 않은 꽃잎으로 구분되지 않는 것과 같은 이치이다. 교육에서는 수업과 수업 외의 다양한 관심 계발, 집단 내 학생들 간의 관계 등 모든 것이 다 소중하다.[23]

광범위한 의미에서 학습은
우리가 교육이라고 부르는 꽃의 꽃잎들 중 하나일 뿐이다.

교육에는 중요하거나 중요하지 않은 것이 하나도 없다.
마치 꽃의 아름다움을 창조하는
수많은 꽃잎이 중요한 꽃잎과 그렇지 않은 꽃잎으로
구분되지 않는 것과 같은 이치이다.

교육에서는 수업과 수업 외의 다양한 관심 계발,
집단 내 학생들 간의 관계 등
모든 것이 다 소중하다.

교사에게 필요한 네 가지 자질

　수호믈린스키는《파블리시 학교》의 첫 장에서 교직원에 대해 다룬다. 그리고 그들이 학교 목표를 달성하기 위해 서로 어떻게 협력했는지 설명한다. 다루고 있는 내용은 교장의 역할, 우수한 교사의 자질, 교사 구성, 학교운영위원회의 역할, 교사들의 안정성과 지속성, 교사 건강의 중요성, 교사들의 충분한 자유시간 확보, 모든 학생에게 개별적인 관심을 드러내는 방법, 교사와 학부모 간의 협력 등을 포함한다.

　교사 관리에 있어 수호믈린스키가 가장 중요하게 고려한 것은 교사들의 지식 습득과 문화생활의 보장이었다. 즉 공부, 연구, 문화활동 속에서 교사들이 지속적으로 자신의 교육방식을 보완하는지 여부에 관심을 두었다. 그는 교사 스스로가 그러한 삶을 살고 있지 않다면, 배움에 대한 열정을 가지고 학생들에게 영감을 줄 수 없다고 생각했다.

교육은 넓은 의미에서 교육받는 사람과 교육하는 사람 양쪽 모두에게 영혼의 풍요를 선사하고 끊임없는 재생이 이루어지는 과정이다. 나는 오랜 경험을 통해 아이들의 전인적 발달을 위해서는 교사들에게 풍요롭고 다양한 지적 생활이 충족되어야 한다는 사실을 깨달았다. 이러한 지적 생활의 특징은 다양한 관심, 전망의 폭, 적극적 탐구, 과학과 학문의 최신 경향에 대한 민감성이다.[24]

교사는 자신들의 관심과 열정으로 학교 분위기를 만들고 박식함으로 학생들의 존경을 받는 사람들이다. 수호믈린스키는 교사들이 수업계획서에 있는 것보다 몇 배나 많은 내용을 숙지할 필요가 있으며, 계속해서 자신이 가르치는 과목과 교육사상에 있어서 최신 경향에 뒤처지지 않으려 노력해야 한다고 주장했다. 그리고 이러한 자신의 생각을 다양한 업무에서 반복해서 실행했다.

교장으로서 교사들을 관리할 책임이 있는 수호믈린스키는 학교에서 가르치는 모든 과목을 스스로 공부했다. 각 과목과 관련한 최신 경향을 다룬 신문과 잡지 기사들도 모았다. 이러한 방식으로 그는 교사들과 담당 과목을 상의할 만큼 높은 수준에 이르렀다. 또한 교사들 간의 교류를 장려하여 자신의 분야와 관련한 혁신적 사안에 대해 강연할 수 있도록 애썼다.

수호믈린스키는 교사들에게 가장 소중한 것이 자유시간이라고 믿었다. 교사들에게는 과도한 정신노동과 감정노동에서 벗어나 휴식을 취할 시간이 필요했다. 독서를 위해서도, 동아리 활동에서 학생들과 시간을 보내기 위해서도 자유시간이 필요했다.

교사들의 자유시간 확보를 위해 파블리시 학교에는 엄격한 규칙이 있었다. 바로 일주일에 하루 이상은 교직원 회의에 참석하지 않는다는 규칙이었다.[25] 또한 파블리시 학교의 교사들은 두 달의 연차휴가와 별개로 매년 다른 휴일 기간에 적어도 20일은 휴식을 취해야만 했다.[26] 당시 소련 교사들은 과중한 업무에 시달리고 있었다. 정규 근무시간 외에 회의 참석, 학부모 면담, 특별활동의 수행, 학교 휴무 기간에 작업조 감독과 같은 일도 모두 교사들의 몫이었다. 이러한 일반적 관행으로 볼 때, 그것도 시골학교에서 교사들에게 충분한 휴식과 여가 시간을 주려는 수호믈린스키의 노력은 매우 의미심장한 것이었다.

수호믈린스키는 교직원들이 서로 협력을 아끼지 않고, 한 학생의 복지에 대해 공동으로 책임지는 자세를 갖는 것이 무척 중요하다고 여겼다. 또한 교사들이 학교에 재학하는 모든 학생의 이름을 숙지하고 있기를 바랐다. 이것은 어떤 아이도 절망적이지 않다는 그의 확고한 신념에서 나온 것이었다. 따라서 교직원 회의에서

한 아이가 직면한 문제를 논의하는 데 많은 시간을 할애하는 것은 조금도 이상할 것이 없었다. 이러한 노력을 통해 아이와 취미나 관심사를 공유하고 있어 가장 잘 소통할 수 있는 교사를 찾아낼 때도 있었다.

일반적으로 교직원 회의는 행정업무보다는 교육적 사안에 집중되었다. 수업방식을 논의하다가도 특정 주제에 대해 관심을 드러내기도 하고, 수호믈린스키가 말하는 '집단연구'가 활기를 띠기도 했다. 이때 전체 교직원들은 한 가지 아이디어를 실험하며 서로의 경험을 공유했다. 이러한 집단적 접근 방식은 교사 개개인이 아이디어에 대한 높은 수준의 관심과 열정을 보일 때만 가능했다.

> 매일 교사가 교육과정의 세부 사항과 미묘한 부분들을 깊이 파고들고 자신의 업무와 학생들의 정신활동을 분석할 때, (비유적으로 표현하자면) 교직원들 사이에 생각의 불씨가 살아난다.[27]

이러한 분위기 속에서 한 교사의 아이디어는 수많은 실험활동을 촉발했다.

> 아이디어는 교사에게 영감을 주고, 그것으로부터 학교생활의 가장 흥미롭고 필수적인 무언가가 시작되는데, 이것이 바로 '집단연구'이다.[28]

수호믈린스키는 이 과정의 선두에 서서 자극제 역할을 했다. 그리고 파블리시 학교의 모든 교사는 그와 함께 교육이론과 실천 방법들을 집단으로 연구하고 개발했다.

수호믈린스키는 교사들과 함께 일하는 방식에 자부심을 느꼈다. 이러한 높은 수준의 협력과 집단적 연구 방식이 가능했던 까닭은 교사들의 안정성과 지속성에 있었다. 그가 《파블리시 학교》를 쓸 당시 전체 교사 수는 35명이었다. 그 가운데 25명이 10년 이상 일한 장기 근속자였다. 교사들의 평균 연령은 39세였지만, 교사들 중 8명은 20년 넘게 재직하고 있었다.[29] 그뿐만 아니라 학교에 다니는 학생들의 절반 정도는, 그들의 부모 역시 같은 학교에서 교육을 받았다. 이러한 수치에 비추어 볼 때 교사들이 모든 학생을 개별적으로 안다는 것은 그리 놀라운 일이 아니었다. 학교의 아담한 규모(1학년에서 10학년까지 약 500명)는 이런 점에서 중요했다.

파블리시 학교는 예비 학부모들을 대상으로 2년간의 교육강좌를 운영했다. 또한 그 지역 아이들은 만 4세가 되면 의료검진을 받았는데, 학교에 입학하기 전 건강 상태를 점검하고 문제가 있는 경우 이를 해결할 충분한 시간을 주기 위해서였다.[30] 의료검진에 대한 관리 책임은 학교운영위원회에 있었다. 학교운영위원회는 전체 교사와 7명의 학부모 대표, 학교의 다양한 기능(도서관, 방과 후 프로그램 등)을 담당하는 관리자들로 구성되었다. 그리고 교장을 선출할 수 있는 권한이 있었는데, 이것은 흔치 않은 관행이었다. 교장 임명은 보통 교육부 지역관할청에서 이루어졌기 때문이다.

수호믈린스키는 새로운 교장 선출 방식에다 교장이 교사를 임명하는 이례적인 특권까지 얻은 덕분에 파블리시 학교의 철학과 정신을 계속해서 유지할 수 있었다.[31] 또한 교사의 자격요건은 까다로웠지만, 그는 찾으려고만 한다면 얼마든지 우수한 교사가 될 잠재력이 있는 사람들이 지역사회에 많다고 생각했다.

수호믈린스키는 교사에게 네 가지 자질이 필요하다고 보았다. 첫째로 아이들을 좋아하고 아이들의 생각에 공감하며, 아이들과 함께하는 것을 즐거워하며, 그들에게 선천적으로 선량함이 내재되어 있다는 신념을 갖는 것을 가장 중요한 자질로 뽑았다. 둘째로 자신이 가르치는 과목에 열정이 있어야 하며, 교육과 관련한 최신 정보들을 꿰고 있어야 했다. 셋째로 심리학과 교육사상에 대한 조예가 깊어야 했다. 넷째로 학생들에게 전수해줄 노동 기술이 있어야 했다. 특히 마지막 요구 사항에서 수호믈린스키가 노동교육에 대해 이례적일 정도로 큰 의미를 두고 있음을 알 수 있다.

그는 이제 막 근무를 시작한 교사들이 자기 분야에서 최고가 되기를 기대하지 않았다. 하지만 적어도 이 네 가지 자질에 대한 잠재력은 갖추고 있기를 바랐다.

부지런하며 지식에 대한 목마름이 있는 사람이라면, 교사로서 수업의 경험 부족과 방법론적 미숙함은 큰 문제가 아니다. 지식의 부족 역시 괜찮다. 하지만 교사가 아이에 대한 믿음이 없다면, 자신의 사소한 실패에도 우울해하고 환멸을 느낀다면, 아이에게서 기대할 것이 아무것도 없다고 확신한다면, 더 이상 학교에 머물 이유가 없다. 이런 교사는 평생 아이와 자신을 고문할 뿐이다.[32]

또한 수호믈린스키는 교사들의 남녀 비율이 적절하게 균형을 이루어야 한다고 생각했다. 그리고 자녀가 있는 교사들이 그렇지 않은 교사들보다 더 바람직하다고 보았다. 그가 글을 쓰던 시기에 파블리시 학교에는 15명의 남교사와 20명의 여교사가 있었다. 이 가운데 2명을 제외한 모든 교사에게 가정이 있었다. 많은 교사들이 젊은 나이에 가르치는 일을 시작했고, 외부 교육을 통해 계속해서 교사로서의 자질과 실력을 키워 나갔다.

이외에도 학교에는 교사들과 학생들이 함께하는 동아리 활동이 활발하게 이루어졌다. 창의적 글쓰기, 공상과학 소설, 식물 품종 개량, 기계, 지역 지리, 전자기술, 자연보호 등 다양한 활동을 하는 약 45개의 동아리가 있었다.[33] 수호믈린스키는 이러한 동아리 활동이, 특히 위축되고 따돌림을 당했거나 학업에 어려움을 겪은 아이들에게 중요한 의미가 있다고 여겼다.

동아리의 핵심 역할은 학생들의 창의성과 탐색능력을 일깨워 주는 '흥미'에 불을 붙이는 것이었다. 이러한 흥미는 다른 학생들은 물론 교사들과의 우정을 쌓는 데도 도움을 주었다. 이때 교사들은

부지런하며 지식에 대한 목마름이 있는 사람이라면,
교사로서 수업의 경험 부족과 방법론적 미숙함은
큰 문제가 아니다. 지식의 부족 역시 괜찮다.

하지만 교사가 아이에 대한 믿음이 없다면,
자신의 사소한 실패에도 우울해하고 환멸을 느낀다면,
아이에게서 기대할 것이 아무것도 없다고 확신한다면,
더 이상 학교에 머물 이유가 없다.

어려움에 처한 학생들을 돕고 그들의 친구가 되어 주었다. 그리고 동아리나 특별활동에 대한 흥미는 종종 독서에 대한 흥미로 이어졌으며, 이는 학업에 유익한 영향을 주었다.

'어려움에 처한 아이들'의 경우 문제의 원인이 대체로 가정에 있다고 판단한 수호믈린스키는 학교가 부모들을 교육해야 할 책임이 있다고 확신했다. 그 교육에는 재학생들의 부모뿐만 아니라 미래에 학부모가 될 사람들도 모두 포함해야 한다고 생각했다. 그렇게 한 달에 두 번씩 열린 부모들을 위한 교육강좌는 교장과 경력교사들의 주도하에 진행되었다. 학부모들은 자녀의 나이를 기준으로 미취학 아동(5-7세), 1학년과 2학년, 3학년과 4학년, 5학년부터 7학년, 8학년부터 10학년까지 다섯 그룹으로 나뉘었다. 12년 동안 총 250시간에 걸쳐 실시된 교육강좌는 발달심리학과 교육, 가족관계, 가치와 생활방식 등 다양한 주제들을 다루었다.

수호믈린스키는 '모든 사람은 교육학을 공부해야 한다'는 믿음 아래 학부모들을 대상으로 하는 교육강좌뿐 아니라 상급생들을 대상으로 부모가 된다는 것과 가정생활에 대한 토론 시간을 가졌다.[34] 그러나 이러한 교육을 실시하기 위해서는 다른 수업시간을 방해하는 수밖에 없었고, 그는 이러한 교육 현실에 한탄했다. 수호믈린스키는 가정생활 강좌가 정규 교과과정에 포함되어 한다고 생각했고, 이것은 다른 사안들과 마찬가지로 1984년 교육개혁의 전조가 되었다.

학교 환경과 시설

수호믈린스키의 관심은 교사에서 학교의 물리적 기반인 건물과 운동장, 환경에 대한 검토로 옮겨간다. 단 한 가지도 중요하지 않은 것이 없다는 생각은 그의 접근 방식의 특징이다. '물리 실험실의 장비부터 화장실까지' 아이들을 둘러싼 모든 것이 교육에 영향을 준다고 여겼다.[35]

수호믈린스키가 교육환경에 부여한 의의를 이해하려면 그의 저서 《시민의 탄생》에서 밝힌 내용을 보면 도움이 된다. 여기에서 그는 교육의 두 가지 원천인 의식과 무의식에 대해 설명하고 있다. 한쪽에는 의도적 교육활동이 있으며, 다른 한쪽에는 의도하지 않지만 전체 환경(사회적, 물리적 환경)에 지속적인 영향을 끼치는 활동이 있다는 것이다. 그리고 환경은 무의식에 더 강력한 영향을 미친다고 주장했다.

환경이 무의식에 행사하는 영향력은 교육의 의식적 노력을 완전히 손상시킬 만큼 강력한 힘을 가지고 있다. 이를테면 물리적 환경이 부주의와 방치로 인해 제대로 관리되지 않고, 아이를 둘러싼 사람들의 태도와 습관에 문제가 있어 교사가 의도한 대로 학생을 교육하기 힘들 정도라면 교사는 힘든 싸움과 직면하게 된다.

> 아이를 둘러싼 모든 것(사람뿐만 아니라 사물과 현상까지)에서 아이
> 는 인간의 태도, 판단, 습관, 의도를 구체화된 형태로 본다.[36]

마치 미세한 먼지처럼 일상생활의 소소한 일들조차 아이들 의식의 심연을 뚫고 들어간다. 이러한 지속적인 정보 유입은 무의식에 의해 구성되며 수호믈린스키가 말하는 '사회적 본능'[37]을 낳는다. 이와 관련해 그는 학교 식당에서 목격한 한 장면을 예시로 들어 설명한다. 학생들은 식당에서 크고 작은 사건들을 겪는다. 하지만 식당 어디에서도 아이들이 배워야 할 예의와 정중함은 찾아볼 수 없다. 아이들이 식당 직원들에게 의례적으로 하는 "감사합니다."와 같은 말도 전혀 들리지 않는다. 위생 검사관이 식당 직원들에게 호통을 치고 있기 때문이다. 이러한 상황에서는 '교육적 영향의 조화' 대신 '부조화'만 있을 뿐이다.

계획하고 의도했던 교육활동과 계획에 없던 인간의 사회적 본능을 형성하는 영향력 간에 부조화가 심해질수록, 양심의 목소리는 형성되기 어렵다. … 인간의 숭고한 행동에 대한 정보가 잠재의식 속에서 지속적으로 축적되지 않으면 양심은 자라날 수 없다.[38]

수호믈린스키는 이러한 부조화가 발생하지 않도록 교육환경 개선 활동에 아이들을 적극적으로 참여시켰다. 그는 학교와 가정에서 아이들 스스로 최적의 환경을 '창조'하는 데 일조하도록 했다.

두 가지 교육 원천(기본적인/자연적인, 계획된/의도된) 사이의 조화를 위해 학생을 상황 창조, 즉 환경 창조 활동에 참여하도록 지도해야 한다. 이를 통해 계획하고 의도한 교육활동을 강화시킬 수 있다.[39]

아이들은 스스로 교육환경을 개선하려는 노력 속에서 서로의 본보기가 되었다. 한발 더 나아가 학교는 지역사회의 모범이 되었으며, 아이들이 받은 영향은 다시 가정으로 전달되었다.

파블리시 학교는 마을 변두리에 약 1만 5000평의 다소 경사진 땅에 위치해 있었다. 학교 건물 주변에는 숲과 공동농장이 있는 들판이 있었고, 남쪽에는 드네프르강의 작은 지류인 오멜니크강이 흘렀다. 수호믈린스키는 운동장과 그 주변의 전원 지대를 개선하기 위한 학생들의 작업을 이렇게 묘사했다.

우리 학생들의 노력으로 20년이라는 비교적 짧은 기간 동안 주변 환경은 몰라보게 변화했다. 진흙 토양이던 12만 평의 불모지 땅이 나무가 무성한 목초지와 꽃이 피는 과수원으로 탈바꿈했다.[40]

이러한 환경의 변화는 학생들이 자신의 태도와 가치, 재능을 계발할 수 있는 활동 무대를 제공했을 뿐만 아니라 신체와 미적 발달을 위한 최적의 조건을 제공하는 데 그 목적이 있었다. 예를 들어 수호믈린스키는 학교를 둘러싸고 초목들을 풍성하게 심었는데, 특히 맑은 공기를 내뿜는 나무들을 많이 심었다.

숲과 들판에서 품어져 나오는 산소가 가득한 공기를 들이마시면 아이들의 몸은 신진대사가 활성화되어 질병 예방에 도움이 된다. 우리는 공기 속에 나쁜 균을 죽이는 피톤치드가 풍부해지도록 나무를 가꾼다. 학교 운동장에는 호두나무와 벚나무, 살구나무, 전나무들이 무성하다. 이 나무들은 피톤치드를 많이 내뿜는다. 개암나무 숲에 해충이 없는 것도 같은 이유다. 모든 것은 우리 아이들의 손으로 만들어졌으며, 어떤 학교라도 이렇게 할 수 있다.[41]

수호믈린스키는 학교의 초목들이 어떻게 특정한 미기후(微氣候)를 생성하고, 아이들의 건강에 어떠한 유익한 영향을 끼치는지에 대해서도 설명한다. 이러한 수호믈린스키의 방식은 주목할 만한 가치가 있다. 특히 건강한 환경을 만들기 위해 다양한 식물들을 활용하고, 환경을 변화시키는 데 계획적으로 아이들의 에너지를 사용한 점은 현시점에서 봐도 놀라울 정도이다. 그는 모든 학교에 이러한 방식을 적용해야 한다는 생각을 갖고 있었다.

미래의 학교는 인간에게 이로움을 주는 자연의 모든 혜택과 수단을 충분히 활용해야 한다. 이것은 인간의 조화로운 발달을 촉진하기 위함이다.[42]

또한 수호믈린스키는 학교 운동장의 배치 문제에 있어서도 심리적이고 예술적인 섬세함을 보여준다. 그는 일반적 형태의 개방된 대형 운동장을 거부하며 이렇게 말했다.

"학교에는 거대한 운동장이 필요하지 않다. 큰 운동장은 교실 창문으로 먼지 섞인 바람을 몰고 올 뿐이다.[43]

그는 거대한 운동장 대신에 나무와 관목으로 구획을 나누고, 꽃들로 장식한 조그만 빈터들이 있는 운동장을 만들었다. 이는 시끌벅적한 무리들을 위한 것이 아니라 소규모의 친밀한 모둠이나 조용히 사색할 장소를 찾는 개인을 위한 것이었다.

대부분의 학교 교장들은 학생들을 한꺼번에 감독하기 어렵다는 이유로 이러한 운동장 배치를 피하려고 했다. 하지만 파블리시 학교에서 이러한 배치는 전혀 문제가 되지 않았다. 이 학교에서 교사와 학생 간의 신뢰 수준은 놀라울 만큼 높았다. 심지어 특정 구역에는 교사들이 함부로 들어갈 수 없다는 불문율도 있었다.

전통적으로 학교 운동장의 각 구역은 특정 연령대가 차지한다. 가장 어린 아이들은 포도나무 그늘을 즐겨 찾고, 8학년 학생들은 장미와 접시꽃이 만발한 공간을 좋아한다. 수양버들이 늘어선 곳은 청소년들의 산책길이다. 교사들은 청소년 시기 학생들의 사생활에 대한 권리를 신중하게 보호한다. 사생활은 지극히 개인적이고 은밀하며 건드릴 수 없는 영역이기 때문이다. 그래서 교사는 전통적으로 상급생들의 휴식 공간에 가는 걸 현명하지 않다고 여긴다. 이에 대한 감사의 마음으로 상급생들도 교사들이 평화롭게 휴식하거나 혼자 조용히 있을 수 있도록 배려해준다. 학교 운동장에는 학생들이 절대 가지 않는 구역도 몇 군데나 있다. 이 모든 일에 특별한 합의가 있었던 것은 아니다. 그냥 자연스럽게 그렇게 되었다.[44]

이러한 수준의 신뢰와 정서적 성숙은 하루아침에 이루어진 게 아니다. 학교 온실과 관련된 유명한 일화만 봐도 그러하다. 처음 학교에 온실을 만들었을 때, 어린 학생들에 의해 자주 온실 유리창이 깨졌다. 그것은 교직원들에게 엄청난 인내심이 요구되는 일이었다.

더 이상 깨진 유리판을 교체하거나 훼손된 나무와 화단을 복구할 필요가 없을 때까지 꽤 오랜 시간을 기다려야 했기 때문이다.

수호믈린스키는 온실을 건강한 학교의 상징으로 여겼다. 그의 생각에 온실의 깨진 유리는 학교 체계에 문제가 생겼다는 신호였다. 1960년대 후반 칭송의 대상이던 수호믈린스키가 그려놓은 학교의 이면에는 학교 내 인간관계를 개선하려는 20년간의 집요한 노력이 숨어 있었다.

또한 학교 건물들은 운동장에서 일어날 수 있는 소동을 최소한으로 줄이는 방식으로 배치되고 활용되었다. 수호믈린스키는 이러한 소동이 어린 학생들을 불안하게 만든다고 생각했다.

파블리시 학교에서 중등부(5-10학년) 학생들은 아주 오래된 본관 건물에서 생활했다. 초등부 학생들은 덮개가 덮인 통로로 본관과 연결된 3개의 아담한 건물에서 지냈다. 이 작은 건물들 바깥에는 잔디가 깔린 놀이터가 있었는데, 이러한 건물 배치는 쉬는 시간에 가장 나이 어린 학생들이 상급생들과 다툴 만한 소지를 없앴다. 갓 입학한 어린 학생들은 소속된 건물에서 비교적 소수의 또래 집단과 어울림으로써 학교생활에 보다 빨리 적응할 수 있었다. 그렇게 서서히 시간이 지나면서 어린 학생들은 더 넓은 학교 공동체의 일부가 되었다.

수업이 이루어지는 4개의 건물은 그 자체로는 특별할 것이 없었다. 하지만 많은 교실들을 용도에 맞춰 달리 사용했는데, 예를 들어 수학 교실, 음악 교실, 문학 교실, 외국어 교실, 라디오 교실(학교 내 라디오 방송국이 있었다), 사진 현상실, 독서실, 휴게실(독서와 사색의 용도), 학부모 교실 등이 있었다. 이 교실들은 작품을 전시하거나 포스터나 현수막을 걸고, 학생들이 미술 작품을 만드는 공간 등 광범위한 용도로 사용되었다.

이 건물들을 둘러싸고 많은 구조물이 세워져 있었는데, 대부분은 학생들이 설치했거나 학생들이 참여해 만든 것이었다. 본관으로부터 30 내지 40미터 떨어진 곳에는 물리, 화학, 생물, 토양 실험실과 기계, 전자, 목공, 금속세공 실습실이 들어선 건물이 있었다. 이 건물 가까이에는 전기 발전기와 작은 '주조장', 그리고 '대장간'이 있는 건물이 있었다. 이러한 다양한 공간에 자리한 거의 모든 장비는 교사와 학생들이 만든 것이었다. 파블리시 학교뿐만 아니라 다른 학교들의 필요를 충족시킬 만큼 충분한 수량의 금속가공 선반(나무·쇠붙이 절단용 기계)이 만들어졌다.

그리고 학교 도서관과 몇몇 작업장이 있는 또 다른 건물이 있었는데, 이곳에서는 나이 어린 학생들을 위해 안전장치가 달린 소형 연장과 선반을 만들었다. 동아리 활동 집단을 구성할 때는 다양한 연령의 학생들을 받아들여 하급생들이 상급생들로부터 기술과 지식을 배울 수 있게 했다. 그리고 상급생들에게는 자신보다 나이 어린 학생들을 위해 안내자 역할을 하도록 책임을 부여했다. 이러한 과정에서 각자의 적성에 들어맞는, 즉 직업으로 이어지는 특별한 능력이 있는지를 탐색할 수 있었다.

그뿐만 아니라 과수원, 포도밭, 온실, 온상(溫床), 시험구(실험을 수행하는 데 있어서 조사의 최소 단위), 양봉장, 토끼농장을 학교 운동장에 배치해 학생들에게 다양한 작업과 학습활동의 기회를 제공했다. 가까운 곳에 위치한 낙농장의 자그마한 구역은 학생들의 실습을 위해 사용되었다. 나이 어린 학생들은 과일나무를 키웠는데, 생산물 중 절반은 가족, 아마추어 원예사, 다른 학교에 무료로 나눠주었다. 나머지 절반은 학교에서 필요한 장비 구입을 위한 비용을 충당하기 위해 판매하였다.

영화와 연극용 강당은 운동장 북쪽에 있었고, 서쪽으로는 학교에 사용될 건축 자재들을 보관하는 창고가 있었다. 그리고 그 옆으로 작은 기상관측소가 있었다. 또한 실험용 곡물에 사용할 비료를 생산하는 작은 공장도 있었다. 차고는 학교가 소유한 자동차와 트랙터를 2대씩 수용할 수 있는 크기였다. 좀 더 작은 규모의 또 다른 차고에는 초소형 자동차 2대를 보관했는데, 이 자동차들은 학생들이 동아리 활동을 통해 만든 것이었다. 특이하게도 교장 관사가 학교 본관 건물에 위치해 있었는데, 이것은 수호믈린스키가 자신의 모든 것을 학교를 위해 바쳤음을 시사한다.

그리고 학생들은 학교 건물 청소에 대한 책임을 졌다. 건물에 들어올 때 신발을 철저히 닦는 것이 원칙이었기에 청소 임무는 수월한 편이었다.

요약하자면 파블리시 학교의 환경과 시설의 핵심 특징은 다음과 같다. 자연스러운 아름다움, 건강에 이로운 환경, 다양한 노동 경험이 가능한 시설, 그리고 학교의 물리적 토대를 만들고 유지하기 위한 학생들의 참여, 세부 사항에 관심 두기 등이 그것이다. 그리고 이 모든 것은 수호믈린스키가 인격 형성에 있어서 환경이 주는 잠재적 영향력을 인식하고 있었다는 사실을 말해준다.

파블리시 학교의 교육 경험

    수호믈린스키가 말하는 교육의 목표는 '전인적 발달'이다. 건강함, 도덕성, 지적 발달, 미적 발달과 더불어 직업적 발달까지 오늘날 한국 교육의 목표와 크게 다르지 않다. 다른 점이 있다면 한국 교육에서는 전인교육을 표방하지만 그 내용과 방법 측면에서는 진정한 전인교육과는 상당한 거리가 있는 입시 중심의 교육을 해왔다는 것이다.

    수호믈린스키는 파블리시 학교를 전인적 발달이라는 교육목표를 달성하기 위한 최적의 공간으로 보았다. 파블리시 학교에서 일어난 모든 교육활동은 그 어떤 것도 전인적 발달과 동떨어져 개별적으로 이루어진 것이 없었다. 학교 구성원이 교육철학과 목표를 집단적으로 공유하고 실천하는 과정은 물론이고, 교사공동체 운영, 학생자치, 학교의 환경과 시설에 이르기까지 모든 것이 학생들의 전인적 발달을 촉진하기 위한 장치들이었다.

이렇게 파블리시 학교의 교육활동 하나하나에 수호믈린스키의 손길이 닿지 않은 것이 없었지만, 그렇다고 해서 구체적인 실천 방법까지 관여한 것은 아니다. 그는 가장 널리 읽힌 자신의 저서 《아이들에게 온 마음을》에서 이렇게 말했다.

이튿날 아침 일찍 일어나서 오늘은 무엇을 할까 생각했다. 하지만 나는 아이들에게 무슨 이야기를 들려줄 것이며, 어디로 데려갈지에 대해 세세하게 계획을 세우지는 않았다. 즐거운 학교생활과 수업은 내게 영감을 주는 생각에서 나왔다. 그 영감은 바로 주변 세상을 알고 싶어 하는 아이들이었다.[45]

전인적 발달의 주요 영역 중의 하나인 '감수성'은 수호믈린스키가 밝혔듯이 무엇인가를 직접 체험하고 그로부터 학생이 얻는 느낌을 중요하게 여기는 것에서부터 길러진다. 이 과정에서 교사에게 가장 요구되는 능력은 바로 '기다림'이다.

수호믈린스키는 아이들에게 스스로 생각하는 힘을 길러주는 것이 교사의 역할이라고 보았다. 이를테면 자연의 한가운데에서 자연의 소리를 듣고, 주변을 둘러보고 생각할 기회를 주는 것이 계획대로 움직이는 것보다 더 중요하다고 판단한 것이다. 예나 지금이나 일반적 통념은, 교사는 자신이 알고 있는 것을 바탕으로 정확하게 가르치려 애쓴다는 것이다. 이와 관련해 수호믈린스키는 파블리시 학교 교사들에게 이렇게 말했다.

"아이들에게 교사 자신이 아는 모든 것을 가르치려 들지 마십시오. 만약 아이들에게 지식의 홍수를 퍼부으려 한다면 아이들의 순수한 열정과 호기심은 그 지식의 홍수에 휩쓸려 순식간에 사라집니다. 아이들 둘레에서 한두 가지를 꺼내 이야기로 들려주십시오. 그래서 아이들의 눈앞에서 한 덩어리의 생명이 무지개의 일곱 빛깔로 반짝이게 하십시오. 아이들이 스스로 이해하고 깨달을 때까지 몇 번이고 그 이야기를 생각하도록 늘 여운을 남겨 두십시오."[46]

이 문제는 한국의 학교 상황에서도 논란거리가 된다. 교사에게 자신이 아는 것을 가르치려 들지 말라는 말을 바꾸어 말하면, '교사는 자신이 경험하지 못한 방법으로도 학생들을 가르칠 수 있어야 한다'는 뜻이다. 지식을 전달할 때 교사가 이해한 방식으로만 학생들을 가르쳐야 할 하등의 이유가 없다. 교사가 주는 기회와 여백은 학생 스스로가 깨닫는 힘을 길러주는 중요한 촉진제이다.

그렇다면 아이들에게 생각의 여백을 주기 위해 교사에게 필요한 것은 무엇일까. 그것은 교사 스스로 여백을 갖는 것이다. 수호믈린스키는 이것을 교사가 갖는 '한가한 시간'이라 불렀다. 이와 관련해 《선생님에게 드리는 100가지 제안》에서 수호믈린스키가 들고 있는 예화는 매우 중요한 시사점을 담고 있다.

이 예화는 33년간 교직에 몸담은 역사 교사의 공개수업을 참관한 한 교사의 질문으로 시작한다. 수업이 아주 성공적으로 진행됐기 때문에 참관교사는 학생들과 함께 수업에 빠져들어서 제출할 의견서를 작성하지 못했다. 수업이 끝난 뒤 참관교사와 역사교사가 주고받은 이야기는 이렇다.

수업 후에 이웃 학교의 한 교사는 이 교사에게 말했다. "그렇습니다. 당신은 학생들에게 모든 심혈을 다 기울였습니다. 말 한마디 한마디에 커다란 감화력이 있습니다. 수업 준비에 몇 시간이나 들었는지요. 아마 한 시간으로는 안 되겠지요?" 역사교사는 대답했다. "나는 평생 이 수업을 준비했고 모든 수업을 평생 준비합니다. 그렇지만 이 수업 준비에 직접 들인 시간은 15분밖에 안 됩니다."[47]

파블리시 학교의 교사들은 한가한 시간이 허락되지 않는 것에 불평하지 않았다. 그들은 날마다 책을 읽으면서 평생 책과 사귀는 사람들이었다. 수호믈린스키는 수업에 적용하기 위해서 독서를 하는 게 아니라 교사의 내면적 필요와 배움의 열의에서 책을 읽는다고 보았다.

"당신이 가르치는 학문 영역에서 교과서에 담겨 있는 지식은 일차적인 것이 돼야 한다. 당신이 학생에게 가르치는 교과서의 기초 지식은 당신의 학문 지식이라는 큰 바다 속에 있는 작은 물방울이 돼야 한다." [48]

같은 책에서 수호믈린스키는 학생들에게 꼭 필요한 '한가한 시간'에 대해서도 말한다. 생각을 잘하는 총명한 교사는 곧 한가한 시간의 창조자이며, 긴장된 학습 시간 뒤엔 반드시 그에 상응하는 휴식과 놀이 시간을 주어야 한다고 강조한다.

어떤 사람에게, 학교 시절에 가장 귀중한 부가 되는 것은 한가한 시간에 한 것들이다. 한가한 시간이 있을 때에야 비로소 한 과목을 좋아할 수 있고, 지적 적극성을 발휘할 수 있다. [49]

우리에게 잘 알려진 교육사상가 존 듀이는 '왜 학교에서 아이들에게 지식을 백화점식으로 열거하여 기억하도록 할까?'라고 개탄했다. 그 당시 미국에서는 지식을 체계화하여 잘 전달하고 이를 기억했다가 필요할 때 상기하는 것을 교육의 중요한 기능으로 생각했다. 나중에 프레이리는 이러한 교육방식을 '은행저축식 교육'에 비유하기도 했다. 교육의 일차적 목표는 아이들 스스로 생각하는 힘을 기르는 것이다. 이와 관련해 수호믈린스키는 이렇게 말했다.

많은 학교와 교사들의 아주 심각한 실책은, 학생이 중요한 지식을 소극적으로 익히게 하는 것이다. 다시 말하면 학생들에게 교사가 전수하는 기존의 것을 이해하고 교과서에 있는 것을 암송하게만 만드는 것이다. ··· 사람이 학교에 와서 공부하는 것은 지식을 얻으려는 것도 있지만, 더 중요하게는 총명해지기 위해서다(많은 교사들이 이것을 잊어버리고 있는데 이는 얼마나 불행한 일인가!). 그러므로 그의 중요한 힘은 기억하는 데가 아니라 생각하는 데 쓰여야 한다. 진정한 학교란 적극적인 사고력의 왕국이어야 한다.[50]

이처럼 파블리시 학교에서 교육 경험은 한 인간의 전인적 발달을 위해 지원되어야 할 인적, 물적 자원이 어떻게 조직되어야 하는지를 보여준다. 인간이 가진 다양한 영역의 능력을 바람직한 방향으로 발달시키기 위해서는 그저 책상에 앉아 지식을 머릿속에 구겨 넣는 것만으로는 충분하지 않다.

파블리시 학교에는 구성원과 함께하려는 리더가 있었고, 언제든 아이들을 도우려는 신뢰할 만한 교사가 있었으며, 아이들의 전인적 발달을 위한 환경과 시설이 두루 갖추어져 있었다.

Василь Олександрович Сухомлинський

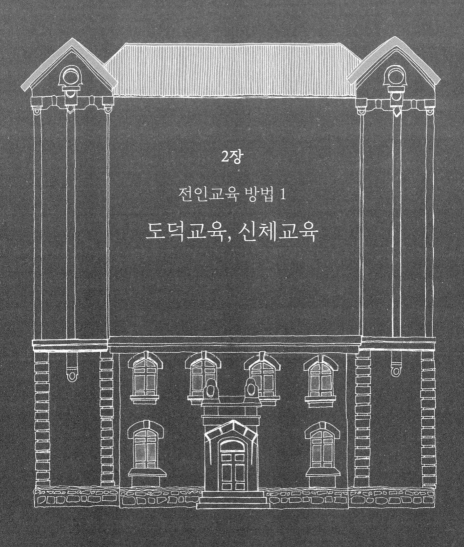

2장

전인교육 방법 1

도덕교육, 신체교육

교육에서 도덕적 가치

수호믈린스키는 자신의 저서인 《전인적 인격 발달 문제》[51]에서 도덕적 가치가 모든 전인적 발달의 중심이 되어야 한다고 주장했다. 그가 강조하는 것은 모든 교육적 노력에 내포된 미래에 대한 방향성이다. 즉 학교는 한 사람에게 평생 직업과 학습, 사회활동을 위한 발판을 마련해주어야 하며, 이 목표를 이루려면 반드시 도덕적 가치, 일에 대한 애정, 지식에 대한 목마름을 심어줄 필요가 있다고 생각했다. 학생들에게 지나치게 많은 정보를 주입하는 것은 학습을 회피하게 만들거나 장기적으로 볼 때 역효과를 유발한다고 판단했다. 그리고 행동보다 말에 의존한 교육방식은 위선을 부추길 수 있다고 여겼다.

학생들은 학교생활을 통해 성인으로서 짊어질 모든 책임을 준비해야 한다. 수호믈린스키에 따르면 학교는 삶의 많은 특징들이 통합된 축소판이며, 학교생활에서 가장 중요한 것은 타인에 대한 책임의식과 생산적인 노동이다. 수호믈린스키는 생산적 노동과 지적 노동이 합쳐져 사회 공익에 기여할 때 행복의 토대가 형성된다고 말한다. 수호믈린스키가 그려낸 이상은 그의 마음속에 아주 구체적인 이미지를 가지고 있었다.

《아들에게 보내는 편지》[52]에서 수호믈린스키는 자신이 생각하는 미래의 인간상을 묘사하고 있다. 바로 공익을 위한 노동 속에서 삶의 의미를 찾는 사람들이다. 그리고 자신의 지인 중에서 이러한 이상을 몸소 실천하며 사는 사람들이 있다며, 그들의 이야기를 들려주었다.

한 지인은 남는 시간에 포도를 재배해 그 열매와 꺾꽂이 순을 많은 사람들에게 나눠주었다. 마을 사람들은 재배한 농산물을 판매하지 않는 그를 괴짜로 여기면서도 좋아했다. 이러한 행동은 가시철조망을 설치하고 개들을 풀어 자신의 농작물을 보호하고 재배한 농작물을 판매하여 부를 쌓는 다른 포도 생산자와는 대조적이었다. 또 다른 지인은 한여름 내내 아이들과 시간을 보냈다. 그의 집은 아이들이 찾아와서 '라디오를 조립하거나 노래하고, 바이올린을 켜는 법을 배우는' 놀이 센터가 되었다.

두 가지의 사례를 통해 알 수 있듯이 수호믈린스키가 열광하는 이상적인 인간상은 친절한 사람이다. 그는 친절함이 미래사회에서 가장 중요한 인간의 특징이 될 것이라고 보았다.

> 내 생각에 미래사회에서 인간은 가장 친절할 것이다. 타인에 대한 감수성, 즉 인류애에 대한 욕구는 미래 인간에게 중요한 자질이 될 것이다. 깊은 인간적 관심은 모든 개인과 동료 시민들을 정신적으로 풍요롭게 하고, 도덕적 아름다움과 지성, 근면함을 지니게 할 것이다. 이는 우리 삶에서 가장 가치 있는 '인간'을 존중하며 사랑하는 능력이다.[53]

정반대로 수호믈린스키가 최악으로 여긴 것은 타인에 대한 비인간성과 무관심, 잔인함이었다. 그는 이것이 부실한 가정교육 때문이라고 보았고, 이를 바로잡지 않는다면 그가 바라는 이상은 꿈으로 남을 것이라 생각했다.[54]

수호믈린스키는 미래의 이상적인 인간을 길러내기 위해서는 아주 어렸을 때부터 노동의 기쁨을 알게 해야 한다고 주장했다.

> 우리는 다음 규칙을 교육의 기초로 삼았다. 아이들은 사회를 위해 노동을 하면서, 지식을 쌓으면서, 사람들을 위해 물질적이고 심리적인 가치를 창조하면서 즐거움을 찾아야 한다.[55]

그는 학습을 노동의 한 형태로 보았으며 학생들이 학습 안에서 즐거움을 찾으려면 교사들이 수업과 평가 방법에 심혈을 기울여야 한다고 생각했다. 또한 아이들에게 결코 해낼 수 없다는 생각을 심어주어서는 안 되고, 아주 어린 아이들에게 낙제를 경험하게 해서도 안 된다고 생각했다. 요구 기준에 미달한 아이에게는 점수를 주지 않는 대신, 수업 자료를 소화할 수 있는 보충 시간을 주었다. 그리고 각자의 능력 차이를 염두에 두고 성취 수준과 함께 아이가 쏟은 노력도 참작했다. 학습에 대한 긍정적 태도는 그 자체로 아이가 가장 높은 수준의 능력을 펼칠 수 있는 최고의 보증수표로 간주되었다.

수호믈린스키가 성공에 따르는 기쁨보다 훨씬 더 중요하게 여긴 것이 있다면, 그것은 바로 상호 간의 배려와 애정을 바탕으로 한 기쁨이었다.

우리의 견해는 이러하다. 노동에 대한 관심과 기쁨은 젊은 노동자들 간의 깊은 인간적 유대에서 비롯된다. 노동에 동기를 부여하는 주된 원칙이 있다면 그것은 개인과 사회를 위해 행복과 기쁨을 창조해내는 것이다. 이것은 우리 삶에서 더 높은 도덕적 가치를 안겨준다.[56]

말과 행동 사이에는 상호관계가 있어야 한다. 학생들에게 영웅적이고 이타적인 행동에 대한 이야기를 들려주었다면, 이러한 행동을 실천할 수 있는 실질적 기회 또한 제공해야 한다. 만약 고귀한 행동에 대한 이야기를 듣고 학생들 마음에 분명한 동요가 일어났는데도 그러한 감정을 표현할 수 있는 출구가 막혀 있다면, 그 노력은 '헛수고'가 되고 말 것이다.[57] 이러한 헛수고를 학생들이 많이 경험할수록 그들을 행동하도록 이끄는 생각들은 줄어들 것이며, 교사의 영향에도 점점 둔감해질 것이다.

서구 교육자들 역시 오직 말과 지식에 의존한 도덕교육이 과연 효과가 있는지 깊이 성찰할 기회를 가졌다. 조나단 코졸은 미국의 학교들이 도덕과 사회 문제에 관해 아이들에게 장시간 논의하게 한다며 비판했다. 정작 논의를 통해 도달한 결론대로 실천하도록 아이들을 이끌지 못한다는 것이 그 이유였다. 한마디로 그럴싸하게 말하는 사람들만 양산해낼 뿐 자신들이 밝힌 신념대로 행동하는 사람으로 길러내지 못한다고 지탄한 것이다.

수호믈린스키와 교사들은 아이들이 학교에 다니기 시작하면서부터 가족과 친구들의 삶을 풍요롭게 하는 실질적 활동에 참여하도록 이끌었다. 일례로 1학년 학생들이 자신의 가족을 위해 사과나무를 한 그루씩 심는 것은 파블리시 학교의 전통이었다. 아이들은 수년에 걸쳐 나무를 가꾸고 나무에서 열린 첫 열매를 어머니와 아버지, 형제자매에게 가져다주었다.

수호믈린스키는 효과적인 인성교육을 위해서는 학교와 가정이 서로 협력해야 한다고 믿었다. 그리고 학교가 부모에게 자녀교육에 대한 조언자 역할을 해야 한다는 생각을 갖고 있었다. 파블리시 학교에서 한 달에 두 번 열린 학부모를 위한 교육강좌도 이런 생각에서 시작하였다. 강좌에서는 주로 발달심리학과 가정생활에 대한 사안들을 다루었다. 그리고 이것은 재학생들의 부모뿐만 아니라 예비 학부모들을 위한 것이기도 했다. 수호믈린스키와 교사들은 취학 이전의 시기야말로 아이의 신체적, 도덕적, 지적, 예술적 발달에 있어 가장 중요한 시기라고 생각했다.[58]

전인적 발달과 개인의 행복을 위한 토대로서 그가 노동을 중요하게 다루었음을 참작할 때, 학교가 수행하는 목표 중 하나는 아이들이 직업적 적성을 찾도록 돕는 것이었다. 즉 학생들이 자신의 재능을 발견하는 것을 중요하게 여겼다.

우리의 임무는 청소년기와 이른 청년기의 학생들이 자신에 대해 깨닫고, 자신의 재능을 발견하며, 어떤 분야에서 가장 높은 수준의 전문성, 즉 창조성을 습득하여 진로를 선택하도록 이끄는 것이라고 생각한다. 이것을 성취하기 위한 핵심은 아이 한 명 한 명이 지닌 최고의 강점을 파악하고, 능력 계발에 최적화된 '황금광맥'을 찾아내는 것이다. 그리고 아이의 천부적 재능이 가장 돋보이는 활동에서 또래 연령에 비해 뛰어난 성과를 거두게 하는 것이다.[59]

이러한 목표를 실현하기 위해 수호믈린스키는 학생들에게 매우 광범위하고 다양한 특별활동을 제공했다. 그리고 학생들의 자기 주도 학습 욕구를 자극하기 위해 교사들은 한 가지 규칙을 정했다. 그것은 적어도 학교 수업시간만큼은 학생들에게 자신의 관심사를 추구할 자유시간을 주어야 한다는 규칙이었다.

수호믈린스키는 스스로 공부하지 않는, 즉 자기주도 학습이 실천되지 않는 교육은 진정한 교육이 아니라고 주장했다. 자기주도 학습 욕구가 있어야 학교를 다니는 동안 학생의 잠재력을 최대로 끌어낼 수 있다고 믿었기 때문이었다. 또한 학업의 끝이 교육의 끝이 아님을 강조했다. 그는 과학기술의 혁명으로 일과 삶의 방식이 급속도로 변화하고 있기 때문에 학습이 평생 습관이 되어야 한다고 생각했다. 수호믈린스키는 삶의 질과 자존감을 높이기 위해 계속하여 지적 노력을 기울이고 교양을 쌓는 행동의 본질적 가치에 큰 의미를 두었다.

그는 일터에서 활용할 수 없는 과목들을 수업계획서에 포함시키는 것을 적극적으로 옹호했다. 학생들이 천문학, 외국어, 문학 같은 과목을 공부할 때 본질적인 흥미를 가져야 한다고 생각했기 때문이다. 그리고 어떤 의미에서 그래야만 학생들이 더 온전한 인간으로 성장할 수 있다고 여겼다.

또한 수호믈린스키는 모든 교육에는 지적 요소뿐만 아니라 정서적 요소가 존재하며, 이를 중요하게 다루어야 한다는 것을 알고 있었다. 아이들은 객관적으로 그리고 주관적으로 그들이 배운 것들을 받아들이기 때문에 감수성과 공감능력은 반드시 계발되어야 할 핵심 능력이었다.

> 따뜻한 감정을 배제한 채 진정한 인간을 떠올리기란 상상조차 할 수 없는 일이다. 교육은 본질적으로 개인의 감수성 계발에서 출발한다. 감수성이란 마음, 생각, 감정으로 우리 주변에서 일어나는 모든 것에 반응할 줄 아는 능력이다. 개인의 감수성은 조화로운 발달에 대한 전반적인 배경을 제공한다. 또한 지성, 근면, 재능과 같은 인간적 자질의 진정한 의미를 습득하게 하는 효과가 있다. [60]

정서교육의 토대는 아이의 가족과 친구들 간의 관계 속에 있었다. 관심과 배려, 공감능력, 동정심과 같은 마음가짐은 이러한 일차적 관계 속에서 토대를 이룬다. 만약 가정이 이러한 필수적 양육 관계를 제공하지 못했다면 학교가, 즉 교사와 급우들이 부족한 부분을 메우기 위해 노력해야 한다.

수호믈린스키에게 이것은 개인을 양육하고 감정을 다스리며 지성을 자극하는 환경을 제공하는 '집단'의 엄청난 힘이었다. 가족과 친구들 간의 관계를 바탕으로 마을과 국가, 그리고 전 세계 사람들에 대한 배려심으로 확장되기 때문이다.

수호믈린스키는 교육이 인격 형성과 도덕적 가치에 중점을 둘

때 학습목표를 더 쉽게 성취한다는 것을 깨달았다. 그의 관심은 주로 책임감, 공감, 배려, 근면성, 배움에 대한 열정 같은 태도를 기르는 데 집중되어 있었다. 따라서 수호플린스키에게 있어 성실한 학생의 사기를 꺾는 행동은 도저히 용납할 수 없는 일이었다. 결과적으로 그의 학생들은 믿기지 않을 만큼 놀라운 학업성취율을 보였다. 그는 심각한 지적 장애를 보이는 학생들을 제외한 모든 학생이 중등교육을 마칠 수 있다고 주장했다.

> 교육이 가진 잠재력과 힘은 무궁무진하다. 지적 발달에 장애가 없는 한 모든 학생은 성공적으로 중등교육을 마칠 수 있을 것이다. 학교의 임무는 직업과 사회활동에 필요한 지식을 전달하는 것뿐만 아니라 삶에 대한 행복을 가르치는 것도 포함한다.[61]

수호플린스키와 교사들은 어떤 학생도 자신의 능력이 뒤떨어진다는 느낌을 받지 않도록 학교생활을 체계화하려 노력했다. 학업성적이 우수하지 않은 학생들의 경우, 그들의 고유한 능력이 발휘될 수 있는 분야를 찾기 위해 모든 노력을 기울였다. 이를테면 과수접붙이기나 전자기술과 같은 활동이 그것이다.[62] 이러한 활동에서 성공을 체험한 학생들은 학습의 어려움을 극복하는 데 필요한 자신감을 얻을 수 있었다. 그 결과 유급한 경우는 장기간 질병을 앓던 학생만이 유일했다.

파블리시 학교에는 높은 수준의 학업성과를 보여주는 증거들도 있다. 수호믈린스키가 제공한 수치를 보면 1949년부터 1966년까지 파블리시 중등학교를 졸업한 학생들 중 64.7퍼센트가 대학교와 기타 고등교육기관에 진학한 것으로 나타났다. 이것은 그 당시 어떤 학교에서도 찾아보기 힘들 정도로 높은 비율이다. 시골학교라는 특수성을 고려했을 때, 특히 그러하다.[63]

교육의 기초로서 도덕교육

전문적 교육이 주어질 때 자신만의 고유한 재능이 드러나지 않는
학생은 아무도 없다. 우리 교육자들이 가장 숭고한 창조적 에너지
로 한 인간을 이끌 수만 있다면, 즉 타인을 위해 기쁨을 창조할 수
만 있다면 개개인의 재능이 꽃피지 않는 활동은 없다.[64]

이 말은 수호믈린스키의 도덕교육에 대한 견해와 전인적 발달
에 있어 도덕교육의 중추적 역할을 집약한 표현이다. 수호믈린스키
는 아이의 창조성과 재능이 표출되고 전인적 발달을 자극하는 가장
강력한 힘은 타인을 행복하게 해주려는 욕구이며, 이것이 도덕의
본질이라고 믿었다. 도덕교육에 대해 논의할 때면 그는 언제나 타

인에게 기쁨을 전하는 데서 행복을 찾도록 아이들을 가르쳐야 한다고 주장했다. 한마디로 수호믈린스키는 상호 협력 속에서 다 함께 행복을 추구하는 세상을 꿈꾸었다.

> 무엇을 위해, 그리고 무슨 명목으로 우리는 이렇게 애쓰고 있는 것일까? 바로 사람들의 행복이다. 우리는 개인만을 위한 행복을 추구하지 않을 것이다. 행복을 위해 높은 담을 두르거나 개를 세워 경계하지도 않을 것이다. 우리는 다른 사람들과 함께 행복을 창조할 것이며, 동료들과 함께 행복을 추구할 것이며, 공동노동 속에서 행복을 발견할 것이다.[65]

여기서 '공동노동'은 수호믈린스키의 윤리적 견지에서 또 다른 핵심 신조이다. 그것은 삶과 행복을 지속하는 데 노동이 중심적인 역할을 하며, 결과적으로 아이들이 노동을 통해 자신을 표현할 수 있도록 교육할 필요가 있다는 것이다.

일례로 공동 포도밭은 수호믈린스키에게 일을 통해 공동체가 행복을 추구하는 발상의 대표적 상징이었다. 사람들은 자유롭게 조금씩 시간을 내어 공동 포도밭에서 일했고, 지역사회 전체가 포도 열매를 즐겼다. 수호믈린스키는 마을 전체는 아니지만 몇몇 사람들이 집 주위에 두른 울타리를 허물고, 공동으로 땅을 경작하는 모습에 기뻐했다. 그에게는 교육이 이러한 이상을 실현할 가장 큰 원동력이라는 확고한 믿음이 있었다.

수호믈린스키는 도덕교육을 유아기와 청소년·청년기로 나누어서 설명한다. 유아기는 선량함, 정직, 정의와 같은 기본 관념들이 형성되고, 청소년기와 청년기는 도덕적 자율성이 생기며 의식적 도덕 신념이 발달하는 시기이다. 따라서 그는 청소년기 학생들의 도덕교육이 제대로 이루어지기 위해서는 어린 시절에 올바른 가치관을 형성하는 것이 무엇보다 중요하다고 보았다.

널리 알려진 대로 유아기는 인격 형성에 있어서 가장 중요한 시기이다. 이와 관련해 톨스토이는 아이가 태어나서 5년간 배운 것이 그 이후에 배우는 것보다 더 많다고 주장했다. 수호믈린스키 역시 톨스토이와 의견을 같이했다. 유아기야말로 그가 '도덕의 모든 것' 또는 '보편적인 인간 규범'이라고 말하는 것을 가르칠 수 있는 최적의 시간이었다.

그렇다면 보편적인 인간 규범이란 과연 무엇을 의미하는 것일까? 《파블리시 학교》에서 수호믈린스키는 나이 어린 학생들이 알아야 할 다섯 가지의 기본 원칙을 제시했다. 이를 간략히 요약하면 다음과 같다.

1. 다른 사람들과 더불어 살고 있음을 절대 잊지 말라. 다른 사람들에게 보탬이 될 수 있게 행동하라. 나의 모든 욕구가 충족되지 않을 수도 있다.

2. 내가 누리는, 다른 사람들의 노력으로 얻어진 모든 좋은 것들에 대해 감사하라. 친절은 친절로 보답하라.

3. 일하지 않으면 그 누구도 정직하게 살 수 없다.

4. 따뜻한 마음으로 어려움에 처한 사람들을 도와라. 감사한 마음으로 어머니와 아버지를 공경하라.

5. 악을 보고도 못 본 체하지 말고, 적극적으로 맞서 싸워라.[66]

수호믈린스키의 도덕적 가르침에는 전통적 의미뿐만 아니라 성서적 의미도 담겨 있다. 그리고 설명에 삽화를 곁들여 아이들에게 직접 호소하는 형태로 씌어졌다. 네 번째 원칙을 이해시키기 위해 사용한 그의 표현법을 눈여겨보자.

사람들에게 친절하고 세심하게 대해야 해요. 약하고 보호받지 못하는 사람들을 도와주어야 해요. 어려움에 처한 친구도 도와주고요. 사람들을 다치게 하면 안 돼요. 감사하고 존경하는 마음으로 어머니와 아버지를 대하세요. 부모님은 여러분에게 생명을 주셨고 여러분이 정직한 시민, 친절한 마음과 순수한 영혼을 지닌 사람으로 자랄 수 있도록 가르치고 계세요.[67]

수호믈린스키는 도덕교육에 있어 이러한 명확한 표현이 무척 중요하다고 생각했다. 그리고 아이가 이것을 받아들인다는 전제 아래 교사의 말과 행동은 가장 강력하면서도 정교한 도구라고 보았다. 수호믈린스키가 '교육 가능성'이라고 명명한 수용력은 그의 교육방식에 있어 또 다른 핵심 개념이었다. 도덕적 가르침과 해설을 담고 있는 저서 《진정한 인간 교육법》에서 그는 '말을 활용한 교육'에 대해 다음과 같이 말했다.

> 진실함과 아름다움을 삶의 목표와 철학으로 끌어올린 사람과 '선해지려는 목마름'이 있는 사람의 마음을 이어주는 가장 필수적이고 섬세한 접촉은 교사의 말이라고 생각한다. 말을 활용한 교육은 '교육 가능한 사람'이 있을 때만 가능하다.[68]

수호믈린스키는 계속해서 아이들의 '교육 가능성'을 구성하는 네 가지 요소에 대해 다음과 같이 설명한다.

1. 행복: 교사는 아이들의 행복을 위해서 모든 노력을 기울여야 한다. 어른에게는 사소한 문제가 아이들을 큰 슬픔에 빠지게 할 수 있다. 교사는 이러한 사실을 항상 유념해야 한다. 어른들은 아이들의 슬픔에 공감하고, 슬픔을 달래줄 방법을 찾아야 한다. 불행한 아이는 도덕적 가치를 느낄 수 없다.
2. 타인의 감정에 대한 감수성: 아이들의 마음은 타인의 기쁨

과 슬픔에 활짝 열려 있어야 한다. 이러한 감수성은 아이들이 자연의 아름다움에 눈을 뜨고, 타인의 감정을 알아채 말로 표현하고, 상호 협력이 보편화된 공동체 생활에 참여할 때 길러질 수 있다.

3. 타인에 대한 믿음: 아이들은 자신이 존경하고 신뢰하는 사람의 모범적인 모습을 통해 선행의 아름다움과 도덕적 가치를 느끼게 된다. 만약 이러한 긍정적 경험들이 아이의 삶에 결핍되어 있다면 교사가 그 역할을 수행해야 한다.

4. 아름다움: 앞에서 설명한 세 가지 요소들을 모두 갖춘 상태에서 아이들이 자연과 예술, 인간관계의 아름다움을 경험한다면 '교육 가능성'은 더 높아진다. 아이들이 주변 세계에서 아름다움을 발견할 때, 그들은 마치 거울을 보듯 자신의 내면에 있는 아름다움 역시 들여다볼 수 있게 된다. 교사가 아이의 미적 감각을 일깨울 수 있다면 더 훌륭한 사람이 되고 싶어 하는 아이의 열망 또한 일깨울 수 있다.

수호믈린스키는 자신의 대표 저서 《아이들에게 온 마음을》에서 '교육 가능성'을 구성하는 네 가지 요소들이 아이들의 도덕교육에 어떻게 작용하는지 명확하게 설명하고 있다. 모든 소련 교사들은 수호믈린스키의 신념을 대표하는 말로 이 책에서 등장하는 '기쁨의 학교'를 떠올렸다.

진실함과 아름다움을
삶의 목표와 철학으로 끌어올린 사람과
'선해지려는 목마름'이 있는
사람의 마음을 이어주는

가장 필수적이고 섬세한 접촉은
교사의 말이라고 생각한다.

말을 활용한 교육은
'교육 가능한 사람'이 있을 때만 가능하다.

수호믈린스키는 파블리시 학교에 입학할 예정인 아이들을 1년 일찍 학교로 불러 모았다. 아이들은 학교 건물을 벗어나 루소의 '에 밀'처럼 숲속을 거닐었고 강가와 호숫가를 산책하거나 포도 넝쿨 아래에 앉아 선생님이 들려주는 이야기에 귀를 기울였다. 아이들은 첫 수업에서 자연을 관찰하고, 풍부한 모국어의 세계를 탐색하고, 사람들한테 친절하게 대하는 법을 배웠다. 이때 아이들의 마음 발달에 '이야기'가 중요한 역할을 했는데, 주로 교사가 이야기를 들려주거나 아이들 스스로가 이야기를 만들어보는 식이었다.

나중에 이러한 이야기들은 학생들의 도덕교육에 있어 핵심적인 역할을 담당했다. 그것이 동화이든, 우화이든, 아니면 위인들의 삶에 관한 이야기든 장르는 상관없었다. 수호믈린스키와 교사들은 도덕적 교훈이 담긴 이야기들을 모아 문집으로 엮어냈다.

이 문집에는 훌륭한 인물들의 삶이 녹아있다. 국가에 대한 충성심, 조국에 대한 헌신, 영웅석 행동, 불굴의 정신, 용감무쌍, 투철한 자기 신념, 어떤 시련에도 맞설 준비 등등. 그리고 자유, 이성의 승리, 우정, 국가 간의 연대와 같은 숭고한 이상을 위해 목숨을 걸고 싸운 사람들의 모습이 담겨 있다. … 또한 공상적 사회주의자, 계몽적 인문주의자, 혁명적 민주주의자, 위대한 학자, 작가, 시인, 예술가, 작곡가에 대한 이야기도 들어있다.[69]

이 글에서도 명백히 알 수 있듯이 도덕적 규범 교육은 아이들이 성장하면서 수호믈린스키가 표현한 '사회적 지향'과 결합되었다. 이것은 어떤 사람들에게는 '정치적 교화'로 해석될 수도 있다. 하지만 수호믈린스키가 취한 이러한 교육방식은 소련 교육자들이 볼 때 정치적 교화와는 거리가 멀었다. 그는 가정과 지역사회에 보다 집중했다.

이야기와 설명, 교훈을 통해 전달된 도덕적 개념이 도덕적 신념으로 전환되려면 수호믈린스키가 말한 '도덕 습관'과 '도덕 의식'을 몸에 익힐 필요가 있었다.[70] 그가 말하는 도덕 습관이란 도덕적 행동의 습관화이다. 특히 근면함과 환경 돌보기, 타인에 대한 배려와 같은 행동을 일상화하는 것을 의미한다. 그리고 도덕 의식이란 도덕 습관과 이 습관을 유지하려는 의지와 관련한 긍정적 감정의 경험을 의미한다.

수호믈린스키는 도덕 습관을 도덕 의식보다 우선시했다. 예를 들어 파블리시 학교에 갓 입학한 아이들은 학교 운동장에 있는 수백 그루의 과일나무 상태를 관찰하는 훈련을 받았다. 만약 가지가 부러져 있다면 아이들이 스스로 해결하거나 상급생에게 도움을 요청했다. 가정에서는 어머니를 위해 사과나무를 심었다. 처음부터 타인에게 도움을 주고자 하는 내적 욕구가 생겨나지 않아도 괜찮았다. 자신이 심은 나무들을 돌보겠다는 마음이 지속적으로 생기지 않아도 괜찮았다. 중요한 것은 습관의 형성이었다.

첫 열매를 따서 어머니에게 가져다주었을 때 아이는 자신의 노력이 사랑하는 누군가에게 기쁨을 선사했다는 강렬한 만족감을 느낀다. 이렇게 누적된 경험들은 아이 마음에 깊은 인상을 남긴다. 이러한 창조적 생활방식을 구성하는 행동들이 건강한 신체, 긍정적 정서와 통합될 때 마침내 인격의 기초가 형성된다. 한 아이에게 양심이 생긴 것이다.

차츰 이러한 행동들은 습관이 된다. 청소년들은 부러진 가지를 발견했을 때 이것을 묶어야 할지, 폭우로 인해 나무뿌리가 드러났을 때 흙으로 덮어야 할지 고민하지 않는다. 무거운 가방을 든 할머니를 봤을 때 도와야 할지도 고민하지 않는다. 이러한 상황들과 마주했을 때 그들은 그냥 무관심하게 지나칠 수 없다. 이 아이들은 나, 그리고 타인과 전체 사회와 관련된 문제와 맞닥뜨렸을 때 그에 상응하는 노력을 하지 않을 수 없다. 선한 행동 뒤에 따르는 기쁨을 계속해서 체험하다 보면 높은 수준의 도덕 의식을 증명하는 양심의 목소리를 갖는다.[71]

이러한 방법은 결코 새로운 것이 아니다. 오히려 도덕적 가치를 가르치는 오래된 전통적인 방식에 가깝다. 전통적 사회에서는 글에 기초한 학습보다는 실제 행동을 더 강조한다. 수호믈린스키가 한 일은 실천과 다소 거리감이 있는 교실 수업을 실제 활동을 통해 전통적 도덕교육과 결합한 것이었다.

'도덕 의식' 발달에 있어서 정서의 역할을 매우 중요하게 여긴 수호믈린스키는 이 문제에 지대한 관심을 쏟아부었다. 특히 계발해야 할 핵심 역량으로 감수성과 공감능력을 꼽았다. 그는 자신의 학생들이 사람들에게 배려와 관심을 보여준 일화들을 소개하며, 타인의 감정에 민감하게 반응하는 사람들은 위로가 필요한 사람들에게 자연스럽게 끌릴 것이라고 말했다.

서로를 위해 기쁨을 창조한 수년간의 우정은 아이들에게 인간 내면세계에 대한 감수성, 즉 인간애의 욕구를 길러주었다. 이러한 욕구를 느끼는 사람은 직감적으로 따뜻함을 갈구하는 사람들에게 끌린다.[72]

이러한 만남을 한 가지 소개하자면, 그의 학생들이 아내가 죽은 뒤 파블리시로 이주한 노인과 친구가 된 적이 있었다. 노인은 꽃 가꾸는 일을 좋아했는데, 매주 일요일이 되면 아내의 무덤으로 꽃을 가져갔다. 학생들은 노인을 도와 꽃을 같이 돌보면서 노인으로부터 많은 것을 배울 수 있었다. 그리고 이 경험은 학생들의 전반적인 예술적 발달에 기여했다. 수호믈린스키는 예술과 도덕 발달이 서로 밀접한 관련이 있다는 사실을 잘 알고 있었다. 양쪽 모두 감정을 풍부하게 하고 감수성과 공감능력을 높이는 데 기여하기 때문이다.

본질적으로 도덕적 충동만이 감정적인 게 아니다. 도덕적 문제에 대한 이성적 사고 역시 원동력을 얻기 위해 감정에 의존한다. 이생각을 뒷받침하기 위해 수호믈린스키는 이반 파블로프의 뇌 연구를 근거로 대뇌피질의 이성적 활동을 자극하는 것은 대뇌피질 하부의 감정중추라고 주장했다. 지적 발달에 대한 그의 생각 역시 같은 이론으로부터 영향을 받았다. 그는 아름다움에 대한 경탄과 즐거움을 통해 아이들의 사고과정을 자극하려고 애썼다.

지적 과정은 상급생들의 도덕교육에 있어서 점점 그 비중이 높아진다. 청소년들과 상급생들은 의식적으로 자신의 가치관을 세우고, 삶의 철학을 모색하며, 도덕적 자율성을 확고히 하는 데 관심이 많다. 따라서 수호믈린스키는 상급생들에게 도덕적 문제들을 논의하고 토론하도록 장려했다. 청소년기에 자신의 존재를 확인하려는 노력을 자연스러운 것으로 보고, 이러한 노력이 자기계발과 지역사회를 위한 봉사활동의 탐색으로 이어지도록 애썼다. 아이들이 청소년이 되어 '도덕 습관'이 확립된 뒤에도 노동 프로젝트를 계속해서 이어갔다. 도덕 발달에 지속적으로 중요한 역할을 하는 노동 프로젝트는 아이들의 도전의식을 불러일으킬 수 있게 계획되었다.

매일 흙을 갈아엎을 때 쟁기 날이 녹슬지 않고 거울처럼 깨끗해지듯, 인간의 영혼 역시 어려움을 극복하고 용기 있게 실패와 맞서며 성공에 현혹되지 않을 때 빛을 발한다.[73]

수호믈린스키가 청소년들과 상급생들에게 도전 정신을 갖도록 힘쓴 한 가지 영역이 있었는데, 그것은 농촌 환경의 천연자원 보존과 개발이었다. 학생들은 나무 심기, 토양 보호, 토질 개선과 같은 프로젝트를 진행하면서 자신의 힘으로 세상을 바꿀 수 있다는 의식을 키웠다.

일례로 한 청소년 집단이 약 3000평의 불모지 땅 가운데 10퍼센트를 개간하는 프로젝트에 참여한 적이 있었다. 그들은 그곳에 곡물을 재배하여 규모가 같은 공동농장의 가장 기름진 땅에서 나오는 수확물의 2배 반이 넘는 양을 생산할 계획을 세웠다. 그리고 4년 후 목표량에 도달할 수 있었다. 수호믈린스키는 이 프로젝트의 작업 방식과 목표 성취가 가능했던 이유에 대해 상세하게 설명한다. 사실 이러한 실습의 목적은 물질적 결과물보다는 학생들에게 노력하면 목표를 이룰 수 있다는 인식을 고취시키는 데 있었다. 더불어 환경교육도 함께 실시했다. 환경교육 문제는 나중에 따로 다루겠지만, 수호믈린스키의 교육성과에서 상당한 부분을 차지하고 있으며 그 당시 그는 이 문제에 있어 시대를 앞서고 있었다.

수호믈린스키가 다룬 도덕교육 가운데는 성교육 영역도 있었다. 그가 가장 관심을 가졌던 성교육 과제는 인간의 행동에 아름다움과 존엄성을 부여하는 도덕적 자질인 인간에 대한 호감과 공감, 존중을 가르치는 것이었다. 생식 작용과 성 위생에 관한 교육은 경력이 많은 교사에게 일임하고, 대신에 그는 아이들의 성에 대한 올바른 인식과 태도 형성에 집중했다. 이러한 교육은 학생들의 성적 본능을 고양시키고 순화하는 데 기여했으며, 가족 구성원 간의 관계를 강화하는 데도 큰 역할을 했다.

비유적으로 말하자면 사랑은 인간의 모든 숭고함 위에 피는 꽃이라고 할 수 있다. 인간이라면 이 꽃의 아름다움에 대해 생각해야 한다. 그리고 이것은 자연스러운 성적 끌림을 체험하기 한참 전이어야 한다. … 아이가 살아가는 내내 보고, 행동하고, 느끼는 모든 것이 삶에서 가장 고귀한 것은 단연 인간이라는 확신을 심어주어야 한다. 그리고 가장 명예롭고 위대한 도덕적 수훈은 다른 사람들에게 행복을 선사하고, 그들을 위해 아름다움을 창조하는 것과 동시에 친절하고 아름다운 자신을 만드는 것이다. … 진정한 사랑, 특히 여성과 남성이 사랑하고 소녀와 소년이 사랑하는 일은 내면의 에너지가 엄청나게 소모되는 일로, 행복을 가져다주는 창조적 행동이다.[74]

수호믈린스키는 공감과 감수성 교육, 그리고 온정을 베푸는 교육이 남녀 간의 도덕적 관계에 있어 가장 본질적인 요소라고 생각했다.[75] 이러한 교육은 아이가 태어나면서 시작되는 가정교육의 일부이기도 하다. 그는 새해맞이 파티에서 만난 두 아이들의 이야기를 예를 들어 자신의 생각을 풀어놓았다.

콜리아와 갈리아는 7세 아이들로 새해맞이 파티를 신나게 준비했다. 노래도 배우고 의상도 만들었다. 갈리아의 어머니는 그녀에게 예쁜 머리 장식을 만들어주고 풀까지 먹여주었다. 갈리아는 이것을 종이 상자에 조심스럽게 넣어 새해맞이 파티에 가져갔다. 그런데 댄스 타임 직전에 누군가가 갈리아의 상자에 앉았고, 상자는 그만 찌그러지고 말았다. 우리 어른들의 관점에서 보면 이것은 관심을 기울일 만큼 중요한 일이 아니겠지만, 갈리아에게는 참으로 고통스러운 일이었다. 콜리아는 머리를 숙인 채 한쪽 구석에 서 있는 갈리아를 보았다. 그리고 그 옆에 놓인 찌그러진 상자도 보았다. 미처 어른들이 끼어들기도 전에 콜리아는 갈리아에게 다가갔다. 콜리아는 한마디 말도 없이 갈리아의 손을 잡고 그곳을 지켰다. 어떤 말로 갈리아를 위로해야 할지 잘 몰랐기 때문이다. 하지만 콜리아의 두 눈에는 눈물이 고여 있었다. 잠시 후 두 아이는 마치 아무 일도 없었다는 듯이 춤을 추었다.

살아있는, 가슴 설레는 감정이 느껴지는 순간에는 어떠한 말도 필요하지 않다. 실의에 빠진 어린 소녀에게 소년의 위로는 영혼을 비추는 한 줄기 빛과 같았을 것이다. 그것은 이 세상에서 나의 슬픔을 자신의 슬픔으로 느끼는 사람이 존재한다는 위안의 빛이다. 갈리아의 두 눈은 눈물 대신 기쁨으로 빛났다. 어린 소녀는 슬픔을 잊고 놀이와 춤을 즐겼다. 아무도 소녀에게 아름다운 머리 장식이 없다는 사실을 알아채지 못했다.

아이의 삶은 진실한 감정이 멋진 생명수로 바뀌는 수많은 사건들로 가득 차 있다. 이 생명수는 슬픔을 밀어내고 고통을 밝게 비추며 즐거움을 돌려준다. 누군가에게 애틋한 감정을 전하고 불안과 고민을 나누는 것, 이것이 바로 사랑이라는 고귀한 감정의 근원이다. 사랑은 청년을 남자로 충실한 남편으로 만들고, 소녀를 다정하고 헌신적이며 확신에 차게 만든다.[76]

이 글은 수호믈린스키의 접근 방식에 있어 몇 가지 핵심적인 특징을 보여준다. 그것은 아이들에 대한 예리한 관찰과 그들의 순간적인 의식 변화, 어른의 기준에서 판단하지 않고 아이의 시선에서 사건을 보려는 노력, 그리고 그가 쓴 모든 글에 깔려 있는 인간에 대한 동정심 등이다. 사용한 언어에서도 이러한 수호믈린스키의 특징이 잘 드러나 있다.

수호믈린스키는 또한 창조적 관계에 대한 관심이 성도덕의 토대를 마련하는 데 중요한 역할을 담당한다고 생각했다.

두 사람 사이의 진실한 사랑은 젊은 시절에 형성된 내면의 아름다움을 평생에 걸쳐 나눌 수 있을 때만 오래도록 순수할 수 있다. 우리는 젊은 시절 학생 개개인에게 평생 베풀 수 있을 만큼 충분한 내면의 풍요로움을 안겨주려고 애쓴다.

서로에 대한 성적 끌림을 알아채기 전에 각자 좋아하는 일 속에서 삶의 행복을 찾아야 한다. 단지 영혼의 공허함을 채우려고 사랑을 구걸해서는 안 된다. 도덕적으로 순수한 가정생활을 위한 준비는 능력과 재주, 타고난 재능이 꽃피는 과정에서 이루어진다. 사실 각자가 시인의 감정을 느끼는 데는 상당한 노력이 뒤따른다. 창조의 불꽃이 한 사람 안에서 타오를 때, 그 빛은 얼굴 표정과 눈빛, 동작 속에서 뿜어져 나온다. 그리고 내면의 아름다움은 기품 있고 생기 넘치는 아름다운 외모를 선사한다.[77]

수호믈린스키는 인간에 대한 사랑을 고취시키는 내면의 아름다움이 성적 성숙 이전에 길러져야 한다고 여겼다.

소년은 소녀 안에 있는 여성과 사랑에 빠지기 전에 한 인간으로서 소녀의 아름다움에 경외감을 느낀다.[78]

학교에서 수행하는 모든 다양한 문화활동과 노동활동들은 이러한 과정에 일정 부분 기여하고 있다. 모든 것은 '내면의 충만함'을 창조하는 데 맞춰져 있어 평생 동안 애정관계를 유지할 수 있게 해준다. 이것은 개인의 행복뿐만 아니라 미래 세대의 양육과 사회 발전에 있어서도 필수적이다.

수호믈린스키는 가정을 친밀하고 시민의 관심사가 수렴되는 무대로 보았다. 이 무대에서 학교가 해야 할 역할을 수행할 때면,

학부모들의 신경을 건드리지 않는 고도의 요령이 필요했다. 그는 말년에 부모교육 문제에 심혈을 기울였다. 그리고 나중에 《부모교육》이라는 제목으로 출간될 책에 실릴 일련의 에세이를 썼다.

이 에세이들은 머리보다는 마음을 겨냥하는 아주 단순한 주제들을 다루고 있다. 부부간의 사랑, 자녀에 대한 사랑 같은 이상적인 가족 사랑을 조명하려고 애썼다. 수호믈린스키는 가족 사랑이 교육에 있어 가장 강력한 힘을 발휘한다고 생각했다.

아이들 교육은 특별한 노력, 특히 정신적 노력을 요구한다. 우리는 사랑으로 인간을 만든다. 그것은 어머니를 향한 아버지의 사랑, 아버지를 향한 어머니의 사랑, 그리고 인간의 아름다움과 존엄성에 대한 깊은 신뢰를 바탕으로 한다. 부모가 진정으로 서로 사랑하고, 다른 사람을 사랑하고 존중하는 가정에서 아이들은 아름답게 성장할 수 있다.

나는 부모가 서로 진심으로 사랑하고 헌신하는 가정의 아이를 금세 알아볼 수 있다. 그러한 가정에서 자란 아이에게는 내면의 평화와 고요함, 건강한 마음, 인간의 아름다움에 대한 믿음, 교사의 언행에 대한 신뢰, 그리고 인간의 영혼에 영향을 주는 친절한 말이나 아름다움과 같이 포착하기 힘든 것들에 대한 감수성이 있다.[79]

늘 그렇듯이 수호믈린스키는 직접 겪은 일을 예시로 들어 자신의 견해를 설명한다. 그리고 그의 메시지를 가장 강력히 전달하는 것은 바로 가정생활을 묘사한 일화들이다. 이러한 일화 가운데 하나로 이웃 마을에 살았던 의사 가족에 대한 이야기가 있다.

저녁 하늘에 밝게 빛나던 별 하나의 기억, 이것은 훌륭한 의사이자 감수성이 풍부한 인간이었던 니콜라이 필리포비치의 삶에 대한 나의 추억이다.

니콜라이는 42년간 드네프르 정착촌에서 진료를 했다. 그의 아내인 마리아 사이에서 아들 셋, 딸 셋 모두 여섯 명의 자녀를 두었다. 복잡한 수술을 끝내고, 그가 피곤한 몸을 이끌고 집에 돌아오면 마리아는 이렇게 말하곤 했다. "여기 포도나무 그늘에 누워 좀 쉬세요. 당신이 하는 일보다 더 고단한 일도 없잖아요." 그러면 그는 미소를 지으며 이렇게 대답했다. "아니오. 이 세상에서 가장 힘든 일은 어머니가 하는 일이라오. 가장 고되고 가장 지치고 가장 고귀한 일이지. 난 아픈 사람들을 돕지만 당신은 인류의 행복을 만들고 있소. 인류애를 창조하고 있다고 할 수 있지."

니콜라이의 말을 회상하면서 나는 그 안에 인간 정신의 풍요로움과 인간애가 표현되어 있음을 본다.

어느 여름 새벽, 매일 아이들을 돌보느라 지친 마리아와 아이들이 깊이 잠들어 있었다. 니콜라이는 아내와 아이들을 깨우지 않으려고 조용히 일어났다. 그러고는 정원으로 나가 장미 한 송이를 꺾어

침실로 가져왔다. 그리고 그것을 협탁 위에 놓인 나무로 만든 꽃병에 꽂았다. 그 꽃병은 니콜라이가 결혼한 첫해에 만든 것으로, 몇 달 동안 공을 들여 완성한 단풍나무 잎사귀 모양의 꽃병이었다. 누워 있던 마리아는 잠결에 조심스러운 남편의 발자국 소리를 들었다. 곧 강한 장미향이 마리아의 잠을 서서히 깨웠다. 그녀는 눈을 감은 채 30여 분 정도 행복에 젖어 누워 있었다.

이러한 아침이 지난 수년간, 수십 년간 이어졌다. 니콜라이는 작은 온실도 만들었다. 그 덕분에 심한 서리가 내려도, 심술궂은 가을과 초봄 날씨에도 새벽이 되면 온실에 가서 아름다운 꽃가지를 꺾어 아내에게 가져다줄 수 있었다. 성장한 아이들은 새벽이 되면 아버지와 함께 일어났다. 그리고 꽃병에는 두 송이, 세 송이, 네 송이, 다섯 송이, 여섯 송이, 일곱 송이의 꽃들이 꽂혀 있었다.[80]

수호믈린스키는 교육의 본질은 자기주도 학습에 있다는 톨스토이의 말에 동의한다. 그리고 자기주도 학습의 핵심은 감수성과 공감능력의 계발이라고 말한다. 이것은 그가 자주 강조했던 부분이기도 하다. 수호믈린스키의 이상이기도 한 '인간에 대한 사랑'은 톨스토이의 이상인 '자기완성', 즉 부단한 노력과 꾸준한 자기계발을 통한 상호 간의 정신적 풍요로움과도 유사하다.

인간애는 몸과 영혼의 화합이며 지성과 이상, 행복과 의무의 결합이다. 그리고 이 모든 것을 통해 노력하고 또 노력하는, 강력한 노력이 꾸준하게 이어진다. 이러한 노력이 여러분과 여러분 부모의 마음속에 영혼의 풍요로움을 창조한다.[81]

소련에서는 그 어떤 교육적 평가도 무신론을 가르치지 않고는 성립되지 않는다. 존 던스턴은 무신론을 가르치는 두 가지 접근 방식을 다음과 같이 정의했다.

'친무신론' 접근 방식과 '반종교적' 접근 방식이 있다. 친무신론 접근 방식은 기본적으로 긍정적이며 교훈적인 성격이다. 그러나 반종교적 접근 방식은 부정적이며 경고적인 성격이다. 친무신론적 접근은 긍정적이고 진보적인 환경을 조성하여 사람들에게 더 나은 교육과 건강, 행복을 누릴 수 있는 사회 변화를 가져와 대체 이념이 필요하지 않다. 또한 종교를 대신해 사람들이 즐길 수 있는 휴일과 의식을 마련해준다. 한편 반종교적 접근은 종교적 믿음과 관행을 비판하는 데 무게를 두며, 신자들을 바보 또는 위선자라고 비웃고 심지어 괴롭히는 수준까지 이르게 된다.[82]

수호믈린스키의 접근 방식을 들여다보면 '친무신론적' 요소가 '반종교적' 요소보다 훨씬 더 중요하다는 것을 발견할 수 있다. 그는 공산주의자들이 종교(이 세계를 현실과 신의 영역으로 분리해서 보는 종교관의 정의)를 부정해야 한다는 레닌의 견해를 수용했지만, 이 분야에서 요령과 제한을 함께 두어야 한다고 생각했다. 그는 대부분의 신자들이 선량한 시민들이라고 믿었으며, 무신론 교육이 부모에 대한 공경과 순종을 훼손하는 방식으로 이루어져서는 안 된다고 생각했다.

훌륭한 유물론자가 되기 위해 노력했지만 수호믈린스키는 뼛속 깊이 이상주의자였으며, 이것이 그가 모순적 견해를 품게 된 원인으로 보인다. 예를 들어 그는 역사가 인간의 의지와 무관하게 객관적인 법칙에 따라 좌우된다고 주장하면서도, 같은 문장에서 인간은 역사의 능동적인 창조자라고 쓰고 있다.[83] 역사에서 개인의 역할에 대한 그의 태도는 저서 《아들에게 보내는 편지》를 통해 더 명백히 드러난다.

나는 이 편지를 고대 의사의 좌우명으로 끝맺고자 한다. "자신을 불태워서 다른 사람들에게 빛을 주어라." 아들아, 이 말을 깊이 생각해보아라. 공익이라는 이름으로 자기희생을 한 수많은 사람들이 없었다면 인류 역사는 존재하지 않았을 것이고, 우리의 삶은 캄캄한 지하 감옥 같았을 것이다. 인류 역사의 창공은 모든 사람을 위한 봉사로 영원히 불타는 별들로, 미래에 대한 원대한 꿈들로 가득하다. 이 별들이 뿜어내는 찬란한 빛이 네가 가는 길을 비추길 바란다. 아들아, 너를 불태워서 다른 사람들에게 빛을 주어라.[84]

교육의 핵심으로서 도덕적 발달을 우선시하고, 이념적 헌신을 도덕적 가치의 연장선에 둔 수호믈린스키의 견해는 그 당시 일반적인 규범이 아니었다. 그렇기 때문에 그는 교육과학원 회원들을 비롯해 각계각층의 비판을 받았다. 수호믈린스키의 무신론은 자신의 영혼이 영원불멸하고, 동물의 존재 수준을 초월하는 능력이 있다고 믿고 싶은 사람들의 욕구를 인정하고 수용함으로써 더욱 강화되었다. 《아들에게 보내는 편지》에서 그는 이렇게 썼다.

무신론에 대한 무지로 인해 가장 비참해지는 경우는, 신이 존재하지 않는다고 설명하기 위해 인간이 영혼불멸하지 않으며, 동물과 마찬가지로 흔적도 없이 사라진다고 주장할 때이다. 이보다 더 인간을 비하하는 경우를 찾기 어려울 것이다.

인간에게 영혼이 없다고 누가 말했던가? 인간은 영혼을 가지고 있으며, 그 영혼은 종교인이 말하는 것과는 비교가 안 될 정도로 더 풍요롭다. 인간의 영혼은 위대한 정신이고, 생각이며, 자연의 힘을 길들이려는 대담한 추진력이다. 인간을 불멸의 존재로 만드는 것이 바로 이 영혼이다.[85]

수호믈린스키는 신의 존재를 부정하면서도 불멸하는 영혼의 존재를 확신했다. 그는 사람은 '땅에 흔적'을 남김으로써 영원불멸하다고 생각했다. 그리고 이것은 어떤 사람이라도 가능하다고 보았다.

나는 개인의 특성이 셀 수 없이 다양하다고 확신한다. 누구든 창조자가 되어 이 세상에 흔적을 남길 수 있다. 이것이 우리가 꿈꾸는 미래사회를 건설하려는 목적이다. 바람에 날리는 먼지처럼 어떤 사람도 '아무것도 아닌 사람'이 되어서는 안 된다. 아이들은 한 명 한 명 빛나야 한다. 어마어마하게 많은 별들이 하늘에서 빛나는 것처럼.[86]

수호믈린스키의 견해에 따르면, 무신론 교육의 본질은 다음 생이 아닌 이번 생에서 행복을 추구하는 것이다. 그가 종교를 부정적으로 바라본 것은 종교가 사람들을 세상 돌아가는 일에 무관심하게 만든다고 생각했기 때문이다. 그의 무신론 교육의 핵심은 아이들이 자기 자신에 대한 숙련과 환경에 대한 집단 숙련을 통해 행복을 성취할 수 있다는 자신감을 갖는 것이었다. 따라서 학교 공동체의 긍정적이고 창조적인 분위기 조성을 가족 구성원들의 종교적이고 수동적인 시각에 반대하는 가장 효과적인 수단으로 보았다.

던스턴은 또한 유물론적이고 세속적인 믿음 체계의 내재적 단점을 지적했다. 그것은 피할 수 없는 고통이나 죽음에 직면했을 때 마음의 평화를 추구하기가 거의 불가능하다는 사실이었다. 이러한 문제들을 다루는 데 있어서 수호믈린스키는 대부분의 소련 교육자들보다 훨씬 앞서 있었다. 그는 인간은 창조와 봉사를 통해서 죽음을 초월할 수 있다고 주장했다.

교육에서 몸의 의미

　　지식에는 '아는 지식'과 '하는 지식'이 있다. 무엇인가를 안다는 것은 그를 바탕으로 무엇인가를 할 수 있는 능력으로 연결돼야 함을 의미한다. 이때 무엇인가를 할 수 있는 기본적 수단은 무엇일까? 바로 '몸'이다. 한 아이가 학교에 입학하고 처음 배워야 하는 것은 자신의 몸을 스스로 통제하는 방법이다. 아이는 줄을 서고, 자세를 바르게 하며, 선생님이 설명할 때 다른 행동을 하지 않고 집중하는 법을 배운다.

　　짧은 시간에 머리에 최대한 많은 지식을 넣기 위해서는 집중이 필요하고, 이것을 위해 몸을 최대한 통제하는 것이다. 결과적으로 무엇을 알고는 있으나 이것을 표현하지 못하는 교육, 다시 말해 삶에 적용하지 못하는, 기억과 상기 위주의 기형적 교육을 해왔던 셈이다. 하지만 수호믈린스키는 '몸'이야말로 노동활동, 체육활동, 표현활동을 위한 가장 중요한 기반이라고 생각했다.

사람의 건강을 돌보는 것은, 특히 아이들의 경우는 두말할 나위도 없이, 단순히 위생 문제의 기준이나 규칙에 대한 것도 아니고, 특정한 식단과 운동과 휴식에 관해 필요한 기준도 아니다. 그것은 무엇보다도 체력과 정신력의 완전한 조화를 위한 것이고, 그 조화의 정점은 바로 창조하는 기쁨이다.[87]

건강한 몸을 통해 체력과 정신력을 조화시켜 '창조하는 기쁨'을 맛보게 한다는 점에서 우리는 수호믈린스키가 몸에 부여하는 의미를 짐작할 수 있다. 어린아이들에게 학교에 입학하기 전부터 교과 수업 대신에 자연에서의 활동을 권장한 것도 이와 무관하지 않다. 우리의 몸이 자연의 여러 조건 속에서 '반응'하도록 하는 교육적 고려는 튼튼한 몸을 유지하는 것뿐만 아니라 몸을 통한 즐거움을 알 수 있게 하고, 과일나무 가꾸기를 통해 노동의 소중함과 결실의 기쁨을 동시에 주기 위한 것이었다.

학교에 입학한 아이들이 처음 겪게 되는 일은 자유로움을 통제당하는 것이다. 공동생활의 질서를 알고 거기에 맞추어 몸이 자발적으로 움직이는 것과 타의에 의해 자유를 구속당하는 것은 아이의 입장에서 보면 매우 큰 차이가 있다. 특히 수호믈린스키는 수업 시간 동안 꼼짝 않고 앉아있는 것이 어린 학생들에게 무엇보다 힘든 일이라는 것을 알았다. 그는 아이들이 마음대로 움직일 수 있는 자유를 특정 제도에 빼앗겼다고 생각했다. 즉 학교와 수업을 교사나 사회의 입장에서가 아니라 아이들 편에서 바라본 것이다. 다음의 글에서는 아이들의 몸을 존중하는 그의 생각이 잘 드러난다.

아이들은 모두 책상 앞에 앉아 진지하게 공부하는 일에 익숙해져야 했다. 하지만 그렇다고 아이들의 욕구와 습관을 엄격하게 완전히 제재할 수도 없었다. 몇 주 동안은 수업시간 중에 아이들이 교실 밖으로 나가는 것을 허락해주었다가 차츰차츰 자리에 앉아서 공부하는 일에 익숙해지도록 지도했다. 새 학년이 시작되고 서너 달이 지났을 때, 비로소 모든 아이가 다음 쉬는 시간까지 수업을 끝까지 들을 수 있었다.[88]

교육을 이유로 아이들의 몸을 억압한 역사는 아주 오래전으로 거슬러 올라간다. 고대 그리스 시대의 스파르타 교육이 원조 격이다. 이때의 교육은 전장에서 용감하게 싸울 수 있는 튼튼한 몸과 기백을 기르는 것을 목적으로 했기 때문에, 훈련을 통해 민첩하고 강한 몸, 그리고 단체생활에 알맞은 질서의식을 위해 자신의 몸을 완벽하게 통제하는 습관을 익혔다. 중세 유럽에서도 교육은 귀족으로서 품위를 지키기 위해 필요한 예법을 익히는 과정이었다. 자유로운 신체활동은 귀족의 품격을 떨어뜨리는 경망스러운 행동이었다.

산업혁명 이후 학교가 대중화되던 시기, '몸'은 생산 수단의 일부였다. 전쟁 시기에 '몸'은 동원의 대상이기도 했다. 우리 사정도 예외는 아니었다. 아이들은 학교 입학 전까지는 자유롭게 뛰어놀다가 입학을 하면서부터 학교가 강요하는 규범과 질서 속에 몸을 통제당했다. 이런 통제 속에서 신체의 자유를 스스로에게 허락하는 경우 '부적응'으로 치부되기 일쑤였다.

혁명 이후 소련 사회는 집단화 과정을 겪었다. 노동의 효과적인 조직과 생산물의 효율적 관리를 위한 사회체제가 크게 변동하는 시기였다. 이때 형성된 공동농장에는 엄격한 규율이 있었으며 감독조가 있어서 구성원들은 정해진 규칙에 따라 노동활동에 참여해야 했다.

혹자는 수호믈린스키가 사회주의적 인간을 기르기 위해 노동활동을 중요하게 생각했고, 노동활동에 적합한 신체를 갖도록 어렸을 때부터 아이들을 교육했다고 말할 수도 있을 것이다. 그러나 수호믈린스키는 아이들을 단지 '노동의 대상'으로만 본 것이 아니라 지력과 감수성, 그리고 도덕적이며 신체적인 역량을 두루 기르는 전인적 발달의 주체로 바라보았다. 또한 그는 학생들에게 노동활동을 부과하는 것이 지적 발달을 지나치게 추구하는 편향을 극복하기 위한 것이라는 주장에 대해서도 단호히 반대했다.

나는 아이들이 1학년부터 두 손으로 정확하게 성숙한 동작을 하게
했다. 수공노동 수업에서, 그리고 과외 동아리에서 아이들이 종이
를 오리거나 나무를 조각해 정밀한 그림을 만들게 했다. 조각칼로
글자를 곱게 새길 줄 아는 사람이면 잘못된 곳을 철저하게 찾아내
고, 일을 경솔하게 하지 않는다. 이런 예민한 감각은 사고력에서도
발휘된다. 손은 사고력에 정확성, 정밀성, 명확성을 부여한다.[89]

수호플린스키는 그의 저서 《선생님에게 드리는 100가지 제안》
을 통해 학교생활에서 머리가 얼마나 좋으냐는 지적 생활과 육체노
동이 얼마나 밀접히 관련되느냐에 따라 결정된다고 주장했다.

두 손의 연관성이 밀접할수록 노동은 학생의 정신생활에 더욱 깊
이 스며들었고 그들이 즐기는 일이 됐다. 노동에서 일어난 창조는
학생의 지능을 발전시키는 가장 강한 자극이 됐다. … 학습과 노동
의 결합은 바로 소년들이 일하면서 생각하고 생각하면서 일하는
데 뜻이 있다.[90]

최근의 미래교육 담론에서는 '신체지능'이 주요한 역량 중 하
나로 거론되고 있다. 첨단기술의 발달과 급격한 사회 변화 속에서
인간이 가져야 할 공감능력과 감수성, 그리고 신체지능은 미래사회
에서도 굳건하게 갖추어야 할 역량으로 꼽힌다.

학교는 학습과 쉼, 그리고 놀이와 일이 공존하는 전인적 발달의 가장 중요한 환경이다. 최근 학생들을 위한 놀이 공간과 쉼터 등을 만드는 학교들은 예외 없이 학생의 지적 활동의 발원지인 몸을 귀하게 여기고 가꾸는 문제의식을 가지고 있다. 지금까지는 배운 것을 기억하고, 이를 상기하는 방식으로 학습에 대한 평가가 이루어졌지만, 이제는 몸을 통해 수행하고 표현하는 다양한 평가 방식을 도입하자는 논의가 활발하다.

몸의 교육적 의미를 중요하게 생각했던 수호믈린스키의 전인적 발달론은 시대를 넘어 첨단기술이 넘쳐나는 현대사회에서 부활하고 있다.

교육의 기초로서 신체교육

학문과 교육이 건강에 대한 관심과 한데 어우러질 때, 신체교육과
스포츠 활동은 학생들의 전인적 발달에 있어서 절대적인 역할을
한다. 건강한 신체, 즉 육체적 에너지가 고갈되지 않아 늘 활기 넘
치는 몸은 기쁨이 샘솟고 낙관적인 삶의 원천이 되며 어떠한 고난
도 극복할 수 있는 요인이 된다.[91]

수호믈린스키는 신체교육과 건강 문제에 있어서 전인적 접근
방식을 채택했다. 그는 모든 교육과정이 아이들의 건강을 중심으로
이루어져야 한다고 생각했다. 어떤 교사도 체육 수업만으로 건강의
토대가 마련됐다는 기대를 해서는 안 되었다.

학문과 교육이 건강에 대한 관심과 한데 어우러질 때,
신체교육과 스포츠 활동은 학생들의 전인적 발달에 있어서
절대적인 역할을 한다.

건강한 신체, 즉 육체적 에너지가 고갈되지 않아
늘 활기 넘치는 몸은 기쁨이 샘솟고
낙관적인 삶의 원천이 되며
어떠한 고난도 극복할 수 있는 요인이 된다.

또한 수호믈린스키는 경쟁적인 스포츠 대회에서 우수한 성적을 거두는 것보다는 아이들의 건강과 활력을 증진시키는 데 관심이 더 많았다. 모든 아이가 학습과 노동활동을 훌륭히 해내고, 그 활동 안에서 기쁨을 느끼는 것이 그의 목적이었다.

수호믈린스키는 건강이 학습과 생활 태도에 중요한 영향을 끼친다고 여겼다. 그에게 있어 건강은 샘솟는 에너지를 의미했다. 다시 말해 건강은 질병 예방을 넘어서 긍정적 태도를 형성하는 에너지였다. 또한 학업성취에 있어서 건강의 역할에 관심이 많았는데, 그는 학생들이 학업부적응을 겪는 대부분의 이유가 질병이나 가벼운 만성질환들을 모르고 지나치기 때문이라고 생각했다.

뒤처지거나 낙제한 아이들의 신체 발달과 지적 발달 관계를 연구한 결과 85퍼센트의 학생들이 질병에 걸려 건강이 나쁜 상태였다는 결론을 얻었다. 대부분의 가벼운 질환은 의사도 감지하지 못했으며, 오직 부모와 의사, 그리고 교사와의 협력을 통해 발견할 수 있었다. 우리는 초기 진찰 과정에서 아이의 활달하고 활동적인 천성에 가려져 가벼운 질환들을 알아채기가 쉽지 않다는 사실을 파악했다. 이러한 질환들은 아이의 순환계와 호흡계, 소화계 등에 타격을 준다. 우리는 아이들의 정신활동인 지적 발달, 사고력, 집중력, 기억력, 근면성 등이 신체 에너지인 '놀이'에 의존하고 있다는 사실을 해를 거듭하면서 점점 더 명확하게 알 수 있었다.[92]

이러한 연구 결과를 토대로 수호믈린스키와 교사들은 입학하는 아이들을 대상으로 정밀한 의료검진을 실시했다. 그리고 건강에 이상이 있는 아이들은 모두 특별 치료를 받도록 조치했다. 이 조치들 가운데 대다수는 단순한 예방 차원의 것들로, 교내의 모든 학생에게도 적용되었다.

수호믈린스키는 학업만을 강조할 경우 아이들의 건강에 해로운 영향을 끼친다고 생각했다. 그래서 책을 보느라 아이들이 의자에 너무 오래 앉아있지 못하게 했다. 그리고 가능한 한 학교생활 속에서 건강에 유익한 생활방식 요소들을 통합하려고 애썼다. 그가 생각한 건강한 생활방식은 일찍 자고 일찍 일어나기, 오전 시간에 공부하기, 야외에서 시간 보내기, 밤에 지적 활동 피하기와 같은 일상적인 규칙들이었다.

특히 수면 습관을 중요하게 생각한 수호믈린스키는 학생들의 가정에 어릴 때부터 일찍 자고 일찍 일어나는 습관을 길러주도록 부탁했다. 학부모들은 아이들이 학교 규칙에 잘 적응할 수 있게 입학 2년 전부터 일찍 일어나는 습관을 익히게 하는 데 힘썼다.

수업시간표를 짤 때는 강도 높은 지적 노력이 요구되는 과목들인 수학, 물리, 화학, 생물학, 문법을 오전 시간에 배치했다. 글 읽기와 토론이 필요한 문학과 역사 같은 과목들은 밝은 낮에 수업했다. 그다음으로 미술, 음악, 체육, 작업 실습과 같은 수업이 이루어졌다. 모든 학과 수업이 끝난 뒤 아이들에게는 상당한 자유시간이 주어졌다. 아이들이 다양한 동아리 활동에 참여하거나 야외에서 시간을 보낼 수 있었던 것은 바로 이 자유시간 덕분이었다.

아이들의 일과는 가능한 한 휴일에도 유지되었다. 단, 하루 종일 야외에서 시간을 보낸 경우는 예외였다.

학기 중에 과도한 지적 활동이 학생들에게 좋지 않듯이, 학교에 오지 않는 휴일 내내 아무런 지적 활동을 하지 않는 것 또한 좋지 않다. 휴일에 우리 학생들은 공동농장, 과수원, 양봉장 같은 자연에서의 실험이나 모형 제작, 기계 작동과 같은 지적 활동을 한다.[93]

여름방학에는 특히 야외에서 노동하고 잠자는 것을 권했다.

만약 학생이 여름 내내 곡식과 초목에서 뿜어져 나오는, 피톤치드가 충만한 공기를 들이마신다면 이 학생은 절대 감기에 걸리지 않을 것이다.[94]

수호믈린스키는 학부모들에게 아이들을 과보호하지 말고 13, 14세가 될 때까지 봄여름에 맨발로 다니게 하도록 권했다. 그는 이러한 습관이 질병에 대한 저항력을 기르는 데 도움이 된다고 생각했다. 맨발로 다닐 때 발목 감각이 자극되어 체온 조절 메커니즘이 활성화된다고 믿었기 때문이다.

또한 그는 야외 노동을 신체를 발달시키는 최고의 방법으로 보았다. 파블리시 학생들은 등교 첫날부터 과일나무 관리를 돕고, 씨앗을 모으고 분류하며, 묘목을 재배하는 노동활동에 참여했다. 하급생을 제외하고는 일반적으로 매일 2, 3시간씩 야외 노동을 했다.

노동을 체조에 비유한 적이 있는 수호믈린스키는 아이들에게 노동과 스포츠 양쪽에서 동작이 주는 아름다움에 대한 안목을 기를 수 있게 애썼다. 특히 스포츠 활동에서 속도전과 같은 공격적인 경쟁을 줄이고, 대신에 배려와 화합하는 마음을 기르도록 이끌었다.

> 달리기, 스키, 수영과 같은 운동을 할 때 우리는 미적 만족감에 큰 의의를 둔다. 스포츠에서 아름다움, 우아함, 조화로운 동작에 기준을 두고 경쟁하는 것은 우리의 전통이 되었으며, 민첩함은 두 번째 고려 사항이었다. … 누구도 스포츠를 아이들을 가르치는 수단이 아니라 개인적 성공을 위해 투쟁하는 수단으로 변질시켜서는 안 된다.[95]

아이들의 자세 또한 중요한 고려 사항이었다. 바른 자세를 위한 여러 조치들이 시행되었으며, 장시간 학습으로 인해 학생들의 몸에 무리가 가지 않도록 주의했다. 일례로 책상 치수가 각각의 학생에게 적합한지 주기적인 검사가 이루어졌다. 검사 결과 불편한 책상 때문에 자세가 틀어진 학생의 경우 그들의 책상을 즉각적으로 교체해주었다. 그뿐만 아니라 책상에 오래 앉아있지 않도록 구체적인 시간을 정해 규제하였는데, 집과 학교를 합쳐 1학년은 최장 2시간, 8학년에서 10학년까지는 5시간 반으로 제한하였다.

파블리시 학교의 또 다른 특징은 월등히 많은 야외수업에 있었다. 학교가 자랑하는 특별한 '녹색교실'은 포도나무 넝쿨이 덮인 격자 시렁으로 둘러싸인 풀밭인데, 학교 수업과 방과 후 활동 장소로 활용되었다. 입학하고 2년간 교실에서 이루어지는 수업은 고작 하루에 3시간뿐이었다. 집에서는 가족들이 아이들을 위해 녹색 쉼터를 지어주었다. 이곳에서 아이들은 신선한 공기를 마시며, 책을 읽거나 글을 쓰고, 그림을 그리는 등 마음껏 하고 싶은 일을 했다. 학교에서는 꺾꽂이와 모종을 통해 재배한 식물들을 녹색 쉼터가 있는 가정에 제공하였다.

건강이 좋지 않아 학업에 어려움을 겪는 학생들을 돕기 위한 특별 조치도 취해졌다.[96] 꿀, 우유, 버터, 달걀, 육류, 생과일과 말린 과일 등 비타민이 풍부한 음식을 충분히 섭취하도록 식단을 개선한 것이다. 겨울에도 영양이 풍부한 식품을 학생들에게 제공하기 위해 과일 건조와 같은 일을 가정에 맡기기도 했다. 이런 조치들 때문에 많은 가정에서 양봉을 시작했다.

아이들의 건강을 증진하는 또 다른 방법으로는 수영, 일광욕, 야외 취침(겨울철 제외) 등이 권장되었다. 수호믈린스키는 이러한 방법들이 감기 예방과 활력 증진, 체질에 따른 질병 예방에 효과가 있다고 생각했다. 아이들은 또한 정기적으로 시력검사를 받았으며, 이상이 있는 경우 영양제나 특수 읽기 요법을 처방받았다. 눈이 좋지 않은 아이들은 수업 도중에 종종 휴식을 취할 수 있도록 했다.

야외 노동은 정서장애가 있는 아이들에게 가장 효과적인 치료법이기도 했다. 조용한 장소에서 과일나무의 가지치기, 바구니 만들기와 같은 주의와 집중을 요구하는 활동들은 초조함과 짜증을 극복하는 데 많은 도움을 주었다.

수호믈린스키의 저작물들을 살펴보면 그가 학생들의 건강 문제를 학업성취보다 우위에 놓고 있음을 알 수 있다. 이것은 건강을 학업성취와 전인적 발달의 전제 조건으로 보았기 때문이다. 수호믈린스키는 학습 속도를 끌어올리는 강도 높은 노력을 아이들의 건강을 해치는 요인으로 보고, 이를 강하게 비판했다.

아이는 살아있는 생명체이다. 특히 아이의 뇌는 가장 연약하고 섬세한 기관으로 특별한 관심과 주의가 요구된다. 실상 초등교육은 3년 안에 가능하지만, 아이들의 건강과 전인적 발달에는 지속적인 관심이 필요하다. 효율적인 지적 활동의 근간은 속도와 강도에서 찾을 수 없다. 아이들의 두뇌에 충분한 관심을 기울이고, 다면적인 신체교육과 지식교육, 예술교육이 수행될 때 지적 활동의 토대가 마련된다.[97]

Василь Олександрович Сухомлинський

3장

전인교육 방법 2

지식교육, 노동교육, 예술교육

지식교육

어느 누구도 수업목표를 학생들이 교육자료를 습득하는 데 있다고 여겨서는 안 된다. 학생이 습득한 지식의 양에 기초하여 수업방법의 효과를 평가해서도 안 된다. 수업목표는 지식의 습득 과정이 학생들의 전반적인 발달에 최적의 수준으로 기여하도록 보장하는 것이다. 그리고 수업을 통해 성취된 전반적 발달은 지식 습득에 있어서 더 높은 수준의 성공을 촉진해야 한다. 우리 학교에서는 수업방법을 평가할 때 학생의 전반적인 지적 발달 과정을 촉진하는지 여부를 기준으로 삼는다. 그리고 수업 효과가 지식교육, 도덕교육, 이념교육, 그리고 예술교육에서도 동일하게 나타나고 있는지 평가한다.[98]

수호믈린스키는 지식교육의 주된 목적이 주어진 양의 지식을 습득하는 데 있지 않고 삶의 철학을 발전시켜 나가는 데 있다고 주장했다. 학생들이 습득한 지식은 인생의 행로를 결정하는 자기 신념에 기여해야 한다. 학습은 평생에 걸친 과정이기 때문에 일정량의 정보를 습득하는 것보다 창조성, 탐구심을 계발하는 것이 더 중요하다. 이 두 가지 측면은 상호배타적이지는 않지만, 서로 결합할 필요가 있었으며 이러한 수업과정은 지식교육을 위한 수단 중의 하나였다.

지식교육은 수업을 통해 이루어진다. 이는 교사가 지식의 축적, 즉 지식의 양적 증가를 수업의 궁극적인 목적으로 보는 것이 아니라 인식력과 창의력, 유연한 사고와 탐구적 사고를 발달시키는 수단으로 볼 때 그러하다. 오직 이러한 교사의 수업에서만 학생들은 습득한 지식을 새로운 주변 세계를 탐색하기 위한 도구로 사용할 수 있다. 습득한 인식 방법들이 새로운 대상들로 이동할 때 이것은 학생의 사고활동에 있어서 규칙적인 특징이 된다. 학생들은 새로운 현상, 과정, 사건들의 인과관계를 계속해서 독자적으로 탐색한다. 이와 같은 맥락에서 지식교육의 주요 요소로는 자연과학 과목들의 경우 생산 노동, 연구, 실험이 있으며, 인문학 과목들의 경우 생명 현상의 독자적 연구, 문학적 원천, 창의적 글쓰기가 있다.[99]

지식이 삶의 철학에 기여하려면 세상을 변화시키고 자연의 힘을 활용하기 위한 노력이 뒤따라야 한다. 이와 관련해 수호믈린스키는 마르크스의 주장을 인용했다.

개인의 실질적인 정신적 풍요로움은 전적으로 개인의 실질적인 관계의 풍요로움에 달려 있다.[100]

수호믈린스키는 지식으로 얻은 삶의 철학을 사고, 감정, 의지의 혼합이라고 말했다. 따라서 지적 활동들을 삶의 철학적 결과로 이끌려면 환경을 변화시키는 노동활동과 결합해야 했다.

우리의 지식교육 체계 안에서 과제들의 주된 목적은 삶의 철학 형성에 있다. 이를테면 한 학생이 실험을 통해 흙이 미생물 활동의 특별한 매개물이라는 것을 입증했다고 하자. 이러한 사실 입증은 삶의 철학을 형성하는 자율적 활동의 첫 단계일 뿐이다. 다음 단계는 풍성한 수확을 위한 토양 만들기이다. 마르크스가 말한 실질적 관계의 풍요로움을 설명하는 것이 바로 이 노동활동이다.[101]

아이들은 세상을 변화시키려는 노력 속에서 현실뿐만 아니라 자기 자신과 창조적 능력을 인식한다. 그리고 배움에 대한 탐색과 실험을 통해 자신이 진리의 탐구자임을 깨닫는다. 수호믈린스키는 배움에 대한 탐색 방식을 매우 중요하게 생각했다. 이것은 탐구심 훈련뿐만 아니라 배움에 대한 동기부여에 있어서도 중요했다. 그는 학습의 정서적 토대라는 주제로 자주 되돌아오곤 했다. 이는 배움의 과정이 일어나는 동안 긍정적인 경이감과 탐구심을 체험할 필요가 있다는 생각에서 비롯한 것이다. 가능하다면 '직접 해보는' 학습법을 지지했으며, 손재주와 지적 능력 사이에 직접적 연관 관계가 있다고 주장했다.

> 학교에서 인문학을 공부하는 주된 목적은 충실하고 용기 있는 시민으로 성장하기 위함이다. 역사와 사회, 문학을 공부하면서 인간은 과거와 현재, 미래의 사회발달 법칙을 이해하는데, 이는 인류에 의해 창조된 정신적 풍요로움을 인식하고 사랑하는 것이다.[102]

수호믈린스키는 학생들에게 '정신적 풍요로움'을 전해주기 위해 세계 고전문학에서 엄선한 작품들을 수업과정에 포함시켰다. 파블리시 학교에서는 모든 학생이 10학년을 마치기 전에 250종의 문학 작품들을 모두 읽도록 했다. 권장도서 목록은 그리스 문학과 인도 문학, 핀란드와 아이슬란드의 서사시, 아일랜드 무용담뿐만 아니라 단테에서 스타인백까지 서구권 고전문학을 모두 아우르고 있었다. 수호믈린스키는 학생들이 폭넓은 독서를 할 수 있도록 다수의 작품들을 학교 도서관에 들이기 위해 지대한 노력을 기울였다.

진정으로 학생을 교육하는 수업과정의 주요 과제 가운데 하나는 학생들이 자신이 습득한 지식에 냉담하거나 무관심하지 않도록 경계하는 것이다. 즉 배운 지식이 자신과 아무런 관련이 없다고 느끼지 않도록 유의해야 한다. 지식을 통해 얻은 삶의 철학이 형성되는 과정은 아이의 영혼에 대한 교육자의 사색적 통찰력을 포함한다. 이것은 학생의 사고방식, 주변 세계를 알아가는 과정, 노동활동을 교육적으로 능숙하게 제어하는 통찰력이다.[103]

수호믈린스키의 읽기와 쓰기 수업을 들여다보자. 우리는 이 영역에서 그의 높은 창의성을 엿볼 수 있다. 1950년대 초 행정에 국한된 자신의 업무에 만족하지 못한 수호믈린스키는 6세 아이들을 맡아 그들이 학업을 마칠 때까지 일반 교사직을 겸임했다.

첫해에는 '자연의 살아있는 책' 읽기 수업에 집중했다. 한 해 동안 아이들은 학교 건물 안으로 들어가지 않았고, 정규 시간표도 없었다. 어느 날은 아침에 포도 넝쿨 그늘 아래에서 모였고, 또 어떤 날은 저녁에 연못가에서 일몰을 감상하기도 했다. 그러나 장소가 어디든 늘 빼놓지 않은 것이 있었다. 바로 자연현상을 관찰하고, 본 것을 이야기로 만드는 일이었다.

이처럼 느슨하게 계획된 교육과정을 수행할 수 있었던 까닭은 한 해 이르게 아이들을 학교에 보내도록 학부모들을 설득하는 데 성공했기 때문이었다(공식적인 학교교육은 만 7세가 되는 다음 해까지 시작하지 않았다). 이러한 변칙적 수업방식에는 교육이 아이들의 천성, 즉 감각의 세계를 탐험하고, 자신의 지각능력을 이해하려는 아이의 강렬한 흥미에 맞춰 이루어져야 한다는 믿음이 깔려 있었다. 이 점에서 그는 루소와 생각이 같았다. 수호믈린스키는 아이들이 감각에 의해 전달된 정서적 경험을 통해 어휘에 대한 흥미가 높아질 때까지 읽기와 쓰기를 가르쳐서는 안 된다고 주장했다.

> 나는 아이에게 어휘가 단지 물체 또는 현상에 대한 호칭이 아니라 그 안에 정서적 색깔인 낱말의 고유한 향기와 미세한 색조가 담겨 있다는 점을 강조하려 애썼다. 어휘의 아름다움과 어휘가 반영하는 작은 세상의 아름다움을 느끼려면 인간의 말소리를 전달하는 그림들, 즉 글자에 대한 흥미를 일깨워야 한다. 이것은 중요하다. 아이가 어휘의 향기를 느낄 수 있을 때까지, 그리고 어휘의 미세한 색조를 알아볼 수 있을 때까지 교사는 읽기와 쓰기 수업을 시작해서는 안 된다. 만약 아이가 어휘에 흥미를 갖기 전에 읽기와 쓰기 수업을 시작한다면, 이는 아이를 중노동으로 내모는 것이다. 아이들은 결국 어려움을 극복할 테지만, 그 대가를 생각해보라![104]

읽기와 쓰기 수업에 있어 이러한 접근 방식을 선택한 배경에는 아이들을 위해 즐거운 야외활동을 계획하는 수호믈린스키의 성향이 어느 정도 반영되어 있다. 또한 실제 수업에서 교재를 통해 읽기와 쓰기를 가르쳤을 때 아이들이 직면하는 어려움을 목격한 후 만든 대응 방식이기도 했다.

여러 해 동안 나는 읽기와 쓰기가 아이들의 학교생활 첫 며칠간 얼마나 어렵고, 지치며, 지루한 일인지 생각했다. 그리고 아이들이 지식의 관문으로 가는 험난한 길 위에서 얼마나 많은 실패와 직면 하는지 생각했다. 이 모든 것 때문에 공부가 순전히 딱딱한 일로 변할 수 있다. 나는 아이들이 글자를 구분하기 위해 수업시간 내내 얼마나 고통스러워하는지 보았다. 글자가 해독하기 불가능한 무 늬가 되어 아이들의 눈앞에서 어지럽게 춤추는 것도 보았다. 하지 만 읽기와 쓰기 수업이 아이들의 흥미를 불러일으키고 놀이와 연 결될 때, 그리고 아무도 이 아이들에게 '너 최악이구나, 그걸 이해 하지 못하겠다면 암기해야 해.'라고 강요하지 않을 때 얼마나 쉽게 글자를 익히고 낱말을 만드는지도 보았다.[105]

어린 학생들에게 자연이 줄 수 있는 마법을 철저히 활용함으 로써 수호믈린스키는 스스로 '생각의 감정 원천'이라고 부르는 곳 으로 다가가고 있었다. 그는 자연을 '살아있는 생각의 원천'이라고 불렀다. 그리고 아이들과 함께하는 야외학습을 '어휘의 원천으로 가는 소풍'이라고 불렀다. 다음 글은 이러한 교육방식이 실제로 어 떻게 운영되었는지 이해하는 데 도움이 된다.

우리는 그림 앨범과 연필을 가지고 어휘의 원천으로 소풍을 떠났다. 여기에 우리의 첫 소풍 이야기를 풀어보자면, 나의 목표는 아이들에게 '목초지'라는 낱말의 아름다움과 미세한 어감을 느끼게 해주는 것이었다. [우크라이나어에서 이 낱말은 3개의 글자로 이루어져 있으며 'LUH' 또는 'LUG'로 발음된다.] 우리는 연못 위로 늘어진 수양버들 아래에 앉았다. 저 멀리 목초지가 햇볕을 받아 초록색으로 반짝였다. 나는 아이들에게 이렇게 말했다. "우리 앞에 펼쳐진 아름다움을 보렴. 풀밭 위로 나비들이 날아다니고 벌들이 윙윙대는구나. 저 멀리 장난감 같은 작은 소떼들이 보이니? 목초지는 초록빛 강물 같고, 나무들은 짙은 초록빛 강둑 같구나. 마치 소떼들이 강에서 목욕을 하고 있는 것 같네. 저기 좀 봐. 이 초가을에 예쁜 꽃들이 얼마나 많이 피어났는지. 그리고 목초지가 들려주는 음악을 들어 보렴. 파리들이 윙윙거리는 소리, 메뚜기가 부르는 노랫소리가 들리니?"

나는 내 그림 앨범에 목초지를 그린다. 흰 솜털처럼 여기저기 흩어져 있는 소와 거위들도 그린다. 그리고 간신히 눈에 들어오는, 연기가 휙 날아오르는 모습과 지평선 위로 떠 있는 흰 구름을 그린다. 아이들은 고요한 아침의 아름다움에 감동을 받아 넋을 잃는다. 그들도 곧 그림을 그린다. 나는 그림 아래에 'LUH'라고 쓴다. 대부분의 아이들에게 글자는 그림과 다를 바 없다. 그리고 이 그림은 아이들에게 뭔가를 떠올리게 한다. 그것은 무엇일까? 바로 풀잎이다. 풀잎 하나를 구부려 'L'을 만든다. 다른 풀잎 하나를 합쳐 'U'라는 새로운 그림을 만든다. 아이들은 각자 그린 그림들 아래에 'LUH'라는 글자를 쓴다. 그러고 나서 우리는 그 낱말을 읽는다.

자연이 들려주는 음악에 대한 감수성은 아이들이 어휘의 뜻을 감지하도록 도와준다. 글자의 윤곽을 기억한 다음 글자를 살아있는 소리와 결부시키면 쉽게 익힐 수 있다. 낱말의 경우 글자를 전체 그림으로 인지하면 금세 읽을 수 있다. 이 읽기 능력은 장황한 음성 분석과 음성 합성 훈련의 결과가 아니다. 음성적, 음악적 이미지에 대한 의식적 재생이다. 또한 아이들이 방금 그렸던 낱말의 시각적 이미지의 반응이다. 낱말에 부여한 이러한 시각적 인지와 청각적 인지가 통일될 때, 그리고 풍부한 어감과 융합될 때 아이들은 글자와 낱말을 동시에 기억할 수 있다. 이것은 읽기와 쓰기를 가르치는 새로운 방법이 아니다. 과학에 의해 입증된 방법이다. 즉 강제적인 암기보다 지각된 이미지의 감정 색깔이 기억에 중대한 역할을 할 때 기억하기가 훨씬 수월하다.[106]

수호믈린스키가 맡은 학생들이 읽기와 쓰기의 기초를 배운 것은 약 8개월에 걸친 이러한 '소풍' 덕분이었다.

여러 날과 여러 주가 지나고 우리는 계속 새로운, 살아있는 어휘의 원천으로 소풍을 갔다. 특별히 재미있는 일이 있었는데 그것은 들어본 적 있는 낱말인 마을, 침엽수림, 버드나무, 숲, 연기, 얼음, 산, 곡식, 낟알, 하늘, 건초, 수풀, 라임나무, 물푸레나무, 사과나무, 구름, 무덤, 도토리, 가을 낙엽에 관한 것이었다. 우리는 우리들의 소풍을 꽃, 라일락, 백합, 아카시아, 포도, 연못, 강, 호수, 숲 가장자리, 안개, 비, 뇌우, 새벽, 비둘기, 포플러, 벚나무 등에 집중시켰다. 소풍을 갈 때마다 '우리의 자연 언어'라고 아이들이 제목 붙인 앨범에 그림을 그렸다. 그것은 아이들에게 가장 강렬한 이미지와 감정, 기억을 일깨우는 낱말들의 그림이었다. 지금껏 모국어의 아름다움에 무관심한 아이는 한 명도 없었다. 우리가 야외학습을 시작한 지 약 8개월 후 아이들은 모든 글자를 익혔고, 낱말을 썼으며, 읽을 수 있었다.[107]

체험에 기반을 둔 교재를 직접 만들며 읽기와 쓰기의 기초를 터득한 학생들은 더욱 높은 수준의 자료를 읽을 준비가 되어 있었다. 그러나 수호믈린스키는 시중에서 수업에 활용할 만한 자료를 찾을 수가 없었다. 결국 그는 직접 이야기를 쓰고 삽화를 그려 책자를 만들었다. 이 읽기 자료는 학생들에게 톨스토이, 우신스키, 푸시킨, 레르몬토프, 네크라소프, 셰브첸코, 우크라인카, 프란코의 작품을 읽을 수 있는 토대가 되어주었다.

아이들의 체험을 학습의 기반으로 삼아 학습을 즐거운 것으로 만들려는 동일한 관심사는 수호믈린스키와 교사들에게 다양한 영향을 주었다. 수호믈린스키는 6세 아이들과 함께한 이 실험적 수업을 '기쁨의 학교'라고 불렀다.

파블리시 학교에서 '기쁨을 학습의 동기부여로 활용하기'에 관한 한, 자연은 지속적으로 아이들의 학습에 영감을 주는 핵심 원천이었다. 나이와 상관없이 학교의 모든 학생에게 '짧은 글'을 쓰도록 했는데, 이는 자연의 장면들을 짧게 묘사해보는 경험을 통해 자연의 순간적 분위기를 포착하려는 시도였다. 이 훈련의 목표는 언어의 세심한 활용뿐만 아니라 관찰능력을 기르는 것이었다.

어느 가을에 수호믈린스키는 숲을 산책하다가 학생들이 70여 가지의 가을색의 이름을 발견하고 식별한 일을 두고 대단히 자랑스러워했다.[108] 자연은 아이들의 지적 활동이 일어나는 배경이었고, 체험과 사고의 바탕이 되는 든든한 토대였다. 지적 발달 과정에서 발생하는 어려움들 역시 자연 속에서 치유되는 경우가 많았다.

나는 교사들에게 이렇게 조언한다. "만약 학생이 이해하지 못하는 부분이 생긴다면, 그리고 학생의 사고가 새장 속에 갇힌 새처럼 절망적인 날갯짓을 한다면 여러분 스스로를 신중하게 바라보세요. 아이의 의식 샘이 말라붙었나요? 영원한 사고의 원천이자 생명을 주는 사고의 원천인 객체의 세계와 자연현상으로부터 단절되었나요? 이 샘을 자연과 물체, 주변 세계라는 바다와 연결한다면 살아 있는 생각의 샘물이 어떻게 샘솟는지 보게 될 것입니다."[109]

나는 교사들에게 이렇게 조언한다.

"만약 학생이 이해하지 못하는 부분이 생긴다면,
그리고 학생의 사고가 새장 속에 갇힌 새처럼
절망적인 날갯짓을 한다면 여러분 스스로를 신중하게 바라보세요.

아이의 의식 샘이 말라붙었나요?
영원한 사고의 원천이자 생명을 주는
사고의 원천인 객체의 세계와 자연현상으로부터 단절되었나요?

이 샘을 자연과 물체, 주변 세계라는 바다와 연결한다면
살아있는 생각의 샘물이 어떻게 샘솟는지 보게 될 것입니다."

수호믈린스키의 견해에 따르면, 아이의 뇌 발달과 이에 따른 사고 발달 과정은 다채롭고 복합적인 자연현상에 노출되었을 때 크게 자극을 받았다. 그의 저서 《아이들에게 온 마음을》에서 그는 '유아기의 신경계'와 아이의 지적 발달에 있어서 자연의 노출이 어떤 역할을 하는지 설명한다.

자연 한가운데에서 우리 교사들이 세상에서 가장 부드럽고 연약하며 민감한 아이들의 뇌를 다루고 있다는 사실은 아주 명백하다. 아이들은 이미지로 생각한다. 예를 들어 한 아이가 한 방울의 물이 어떻게 여행하는지 교사의 설명을 듣는 중이라면, 이 아이는 마음의 눈으로 은빛 파도를 이룬 아침 안개와 어두운 먹구름, 천둥 벼락과 봄비를 그린다. 아이가 마음속에 그린 이 그림들이 선명할수록 아이는 자연의 법칙을 더 깊이 이해하게 된다. 부드럽고 민감한 아이의 뇌신경 세포들은 점차 성장하고 강해져야 한다.[110]

수호믈린스키는 계속해서 느낌과 생각을 수신하고 처리하는 감각과 관련한 뇌세포 활동에 대해 설명한다. 그리고 사고하기 위해 아이들에게 구체적인 이미지가 필요하다고 덧붙인다.

뇌의 특성을 고려할 때 지적 능력은 사고의 원천 속에서 발달해야 한다. 다시 말해 자연의 한가운데에서 시각적 이미지를 통해 교육이 이루어져야 한다. 그래야만 아이의 사고가 시각적 이미지로부터 그 이미지에 대한 정보를 처리하는 과정으로 변환될 수 있다. 만약 아이들이 자연으로부터 차단된다면, 등교 첫날부터 아이가 인지하는 것이 오로지 어휘밖에 없다면 뇌세포들은 급격히 지칠 뿐만 아니라 교사가 주는 과제에 적절히 대처할 수도 없게 된다.[111]

아이의 지적 발달과 정서적 발달은 연결되어 있다. 이것은 동화를 사랑하는 아이들의 모습에서도 분명히 관찰된다. 수호믈린스키는 아이들에게 동화를 들려주는 것에서 그치지 않고 아이들 스스로 자연에서 관찰한 모습을 토대로 동화를 만들어보도록 격려했다. 아이들은 자연을 배경으로 한 동화를 스스로 만들어봄으로써 미래 사고과정 발달의 기반을 다졌다.

아이들은 주위에 펼쳐진 이미지들을 인지하고 여기에 상상한 것을 덧붙일 때 엄청난 기쁨을 체험한다. 지각의 정서적 풍요는 아이들의 창의성에 불을 붙이는 내면의 에너지이다. 나는 정서적 행복 없이는 아이의 뇌세포가 제대로 발달할 수 없다고 확신한다. 생리학적 과정 역시 정서와 연결되어 있다. 강렬하거나 행복하고, 열정적인 순간에 대뇌피질 세포가 증가하는 영양학적 작용을 경험하게 된다. 이때 세포들은 많은 에너지를 소비함과 동시에 유기체로부터 많은 것을 받는다. 초급반 학생의 지적 활동을 수년간 관찰한 결과, 정서적인 행복을 크게 느끼는 순간 아이의 사고는 굉장히 명료해지고, 기억력은 더욱 탄탄해진다는 사실을 확인했다.[112]

이 글은 아이들의 정서적 발달과 지적 발달 간의 연결 고리를 비유적으로 설명하고 있다. 즉 정서적 충족감이 학습을 촉진한다는 개념이다.

'자연으로 떠나는 소풍'은 수호믈린스키의 초등교육방법론에서 필수 요소로 자리 잡았다. 그는 예리한 관찰력과 사고력 발달을 목표로 한 300여 가지의 야외수업들을 개발했다. 야외수업에서는 아이들이 자연현상들 간의 관계를 알아내고, 이를 이해할 수 있도록 다양한 질문들을 던졌다. 이러한 방식으로 아이들은 생물과 무생물의 차이점과 그 상관관계에 대해 사고하는 시간을 가졌다. 이 시간을 통해 명백히 나타나는 자연 세계의 끊임없는 성장과 쇠퇴, 순환과 생명의 근원이 되는 태양의 역할은 물론이고, 자연을 관찰하면서 생긴 다른 수많은 주제들에 대해서도 깊이 생각해보는 기회가 되었다. 수호믈린스키는 지적 발달에 있어서 관찰력이 핵심적인 부분을 차지한다고 보았다.

발달된 지성의 가장 큰 특징은 관찰의 힘에 있다. 즉 '모든 관계를 고려하여 대상의 본질을 지성의 눈으로 꿰뚫어 볼 줄 아는 능력'인 관찰력이 필요하다. 관찰력과 밀접하게 연결되어 있는 지적 발달의 다른 특징들로는 먼저 호기심을 들 수 있다. 이것은 우리 주변 현상과 관계를 맺는 것이며, 뭔가를 배우고 알고자 하는 노력이다. 그다음으로는 체계적 접근 방법을 들 수 있다. 이것은 개념과 추론, 인식 대상의 의도적 선택이다. 또 다른 특징으로는 수용력이 있다. 이것은 기억 속에 지식을 유지하고 이를 통해 지적 능력을 활용하는 능력이다. 이 밖에도 절제력, 유연성, 독립성과 비평적 사고가 있다.[113]

그는 아이들이 학교에서 수많은 난관에 부딪히는 것은 사고능력이 충분히 발달하지 못했기 때문이라고 생각했다. 또한 동시에 두세 가지 개념을 떠올리고, 그것들을 서로 연관시키는 능력 역시 충분히 계발되지 못했기 때문이라고 여겼다. 이러한 사고능력의 부족은 일반적으로 유전과 환경의 요인이 컸다. 아이의 사고 발달에는 유아기 시절의 환경적 요인은 물론 뇌의 신경 연결망 형성을 억제하는 생화학적 조건도 큰 영향을 미치기 때문이다.

아이들의 사고능력을 신장시키기 위해 수호믈린스키는 수수께끼와 퍼즐, 체스 같은 놀이도 활용했다. 조금 더 자세히 말하자면 수수께끼나 숫자를 이용한 문제들을 이용해 아이들의 사고력을 자극하려 애썼다. 숫자 문제는 대개 몇 가지 변수들의 상관관계를 묻는 형태였는데, 이를테면 서로 먹고 먹히지 않는다는 조건 아래 농부가 늑대 한 마리와 염소 한 마리, 배추 한 포기를 한 번에 2개씩 배에

신고 강을 건너는 방법을 묻는, 널리 알려진 문제들이었다. 또한 머릿속에서 여러 가지 경우의 수를 동시에 생각하게 하는 체스 게임도 적극적으로 활용했다.

이러한 문제와 게임들은 정규 교육과정의 부족한 점을 채워주는 매우 유용한 보완책이었다. 특히 기억력과 사고력이 미숙한 아이들에게 유용했다. 학습에 심각한 어려움이 있는 아이들을 위해서는 복잡한 문제로 넘어가는 징검다리 역할을 하는 단순한 문제들을 많이 고안했다.

파블리시 학교에는 방과 후 활동을 담당하는 다양한 동아리들이 있었다. 이들의 목표는 아이들의 특별한 관심사를 발견하고 그것을 실행할 수 있는 환경을 조성하는 것이었다. 자신만의 특별한 관심사를 추구하다 보면 아이들은 특정 분야를 깊이 있게 탐구하는 기쁨을 맛볼 수 있었다. 또한 정규 교육과정이 주는 압박감이나 제약에서도 자유로웠다.

또한 성적을 아이들에게 벌주는 도구로 이용하지 않았다. 오로지 노력에 대한 보상으로 활용했을 뿐이다. 학생이 필요한 기준에 도달하지 못할 경우 시간을 더 주어서 과제를 수행하게 했다. 학교의 모든 노력은 아이의 학습 태도를 악화시키거나 배우고자 하는 자연스러운 욕구를 감소시키지 않는 데 초점이 맞춰져 있었다.

상급생들을 위한 탐색적 학습법의 사례로 수호믈린스키의 '강의실험식 수업체계'가 있다. 이 수업체계는 듀이의 사상을 기반으

로 킬패트릭이 발전시킨 '프로젝트 교수법'을 연상시킨다. 강의실
험식 수업체계는 1950년대 초 파블리시 학교에 도입되었고, 학생들
이 독자적인 연구와 실험, 다양한 읽기 자료 습득에 사용하는 시간
을 극대화하는 데 목표를 두었다.

'강의'는 보통 다음 단계의 학습목표와 방법을 설명하고, 실험
기술을 보여줄 때 사용하였다. 문학 수업에서는 복습의 방법으로도
활용하였다. 이때는 학생들 중 한 명이 '강의'를 진행했으며, 강의
가 끝난 뒤 충분한 시간에 걸쳐 토론을 벌였다. 과목별로 다양한 학
습방법들을 활용했지만, 목표는 하나였다. 그것은 학생들이 스스로
지식을 탐구하도록 격려하는 것이었다.

> 강의실험식 수업체계는 학생들이 지식을 적극적으로 습득하도록
> 장려한다. 이 체계 아래에서 학생과 학생의 내면세계는 단순히 수
> 업방법의 대상이 아니라 이 방법론의 주된 원동력이다.[114]

파블리시 학교를 찾은 사람들은 학생들과 교사들의 태도에 큰
충격을 받았다. 특히 솔로베이치크는 10학년 학생들이 1학년 학생
들과 똑같은 열정으로 수업에 참여하는 것을 보고 놀랐다. 그리고
상당한 부담감에도 교사들이 진심으로 수업을 즐기는 것에 깊은 감
명을 받았다. 솔로베이치크는 다음 요소들을 파블리시 학교의 성공
요인으로 꼽았다.

- 학생들의 행복과 복지를 최우선 관심사로 둔다.

- 자연 속에서 학습하는 동안 학생들에게 집중적으로 질문을 던져 관찰능력, 탐색능력, 추론능력을 키워주는 방법을 숙지한다.

- 교사들은 모든 과목에 있어서 학생들의 언어능력 발달에 중점을 둔다.

- 학생들이 암기해야 할 학습 자료량을 줄이고, 추론과 이해에 더 큰 중점을 두며 대부분의 암기는 지식을 응용하는 과정에서 무의식적으로 일어나게 한다.

- 학습을 방해하는 정서적 장애물을 없앤다. 특히 처음 몇 년 동안은 학생들이 섣불리 실패를 경험하지 않도록 조심한다.

- 지적 활동에 대한 풍부한 배경을 만들고, 특별활동에 흥미를 느끼도록 아이들을 격려한다. 그래야 정규 수업이 형식적으로 흐르지 않는다.[115]

노동교육

수호믈린스키에게 노동교육은 직업 안내와 훈련을 넘어서 노동활동에 대한 창조적 지향과 긍정적 태도의 계발을 의미한다.

노동교육은 젊은 세대가 사회적 생산활동에 참여하기 위한 준비이다. 또한 도덕교육과 지식교육, 예술교육에 있어서도 중요한 의미를 갖는다. 우리는 노동이 한 개인의 도덕과 지적 자질 형성에 기반이 되는 노동교육 체계를 만들기 위해 노력하고 있다. 우리의 임무는 노동이 개인의 정신적 삶, 그리고 공동체적 삶의 일부가 되게 하는 것이다. 다시 말해 노동에 대한 열정이 청소년기와 청년기 초반에 큰 관심사로 자리 잡도록 돕는 것이다.[116]

수호믈린스키가 '전인적 발달'의 핵심 요소로 생각한 노동교육은 레닌과 크룹스카야가 소련 학교의 특징을 '기술 전문학교'로 정의했던 시기의 소련 교육정책에 명시되어 있었다. '기술 전문교육' 개념의 발전은 마르크스로부터 영향을 받은 것이며 마르크스는 로버트 오웬의 영향을 받았다.

프라이스는 노동교육이야말로 서양 교육자들이 소련 교육자들의 경험을 배워야 하는 영역 중 하나라고 주장했다. 사실 사회주의 사회와 자본주의 사회 모두 교육과 생산적 노동활동을 결합하려는 시도를 했지만, 각기 다른 이유로 난관에 부딪혔다. 자본주의 국가에서는 그러한 시도가 '불공평한 경쟁' 또는 '아동 노동'이라고 비난하는 사람들에 의해 저지되었으며, 사회주의 국가에서는 정의와 목적, 그리고 행정상의 문제로 난항을 겪었다.[117]

프라이스는 마르크스가 교육과정에서 노동을 다른 무엇보다 우선시한 배경에 대해 설명한다.[118] 마르크스에게 노동은 근본적으로 모든 활동 중에서 가장 인간다운 것이었다. 그는 인간의 행동이 가져올 결실을 상상하는 능력과 목표를 향해 일하는 능력이야말로 인간을 동물과 뚜렷이 구별할 수 있는 특징으로 보았다. 자본주의 사회에 대한 마르크스의 비평은 대부분 인간 소외에 초점이 맞춰져 있다. 마르크스의 주장에 따르면, 자본주의 사회에서 인간은 그 자신의 노동의 결과물에서 격리될 뿐만 아니라 창조적 과정으로서의 노동으로부터도 소외된다. 인간은 창의적 활동의 주도자가 아니라 기계의 부속물로 전락했다. 마르크스의 목표 가운데 하나는 이러한 정신노동과 육체노동의 대립을 무너뜨리는 것이었다.

노동이 삶의 수단이 아니라 삶의 필수 요소라는 마르크스의 주장은 소련 교육정책의 기조가 되었으며, 수호믈린스키 노동교육의 핵심 견해로 자리 잡았다. 그 당시 소련의 학교들과 비교했을 때 마르크스의 노동 개념을 교육현장에서 창의적으로 실현시킨 수호믈린스키의 업무 능력은 이례적일 정도로 특출한 것이었다.

파블리시 학교의 교육목표 중 하나는 모든 학생이 자신만의 고유한 재능을 발견해 이를 직업능력으로 발전시키도록 돕는 것이었다. 단순히 취업을 목적으로 실용적 기술을 습득하는 것만으로는 충분하지 않았다. 학생들은 특정한 분야에서 우수함을 드러내고, 이를 통해 기쁨을 느낄 수 있어야 했다. 그뿐만 아니라 미래의 직업과 관련해 도덕적 기반도 다져야 했다. 사회에 봉사하고자 하는 마음을 갖는 것은 물론이고, 창조와 봉사의 결합 속에서 기쁨을 경험할 수 있어야 했다. 이것은 교육과정의 전 영역에 흡수되어 있던 도덕교육의 실제를 보여주는 또 하나의 예시이다.

이러한 목표에 도달하기 위해서 수호믈린스키는 다음과 같은 특별한 원칙들을 고수해야 한다고 주장했다.

이른 나이에 생산적 노동에 참여하는 것이 중요하다

수호믈린스키는 이 견해에 있어서 전향적 입장을 보였다. 심지어 1학년에 재학 중인 7세 아동일지라도 지역사회를 위한 봉사활동에 진심으로 참여해야 한다고 주장했다. 다음 글은 학교에서 가장 나이 어린 학생들이 수행한 노동 사례를 보여준다.

7세 내지 8세가 된 우리 학교 학생들은 이미 상당한 사회적 의의가 있는, 흥미롭고도 재미있는 노동을 수행한다. 특정 유형의 노동은 오직 이 나이 때 아이들만 하는데, 이것은 우리 학교의 전통으로 자리 잡았다. 아이들은 1학년이 되기 두 달 전부터 나무 씨앗을 모으는 것으로 노동활동을 시작한다. 봄에는 사회적 의의가 있는 첫 노동을 수행하는데, 그것은 계곡과 도랑의 비탈면에 씨를 심는 일이다. 그런 다음 나무를 돌본다. 이런 노동활동을 하는 이유는 울창한 나무숲이 방어 지대를 형성해 들판의 토양 침식을 막아주기 때문이다. 우리 학교의 가장 어린 학생들은 지역 내 공동농장 들판에서 여러 개의 커다란 방어용 숲 지대를 일궈냈다. 이 숲 지대는 10년에 걸쳐 약 50만 평에 이르는 지역의 토양 침식을 막아주었다. 이러한 노동활동으로 얻은 사회적 부의 가치는 아무리 강조해도 지나치지 않다. 이제는 중간 학년과 고학년이 된 학생들이 계속해서 일구어낸 부의 가치 역시 헤아릴 수 없을 만큼 클 것이다. 학생들의 노력으로 황무지가 비옥한 토양으로 바뀌었고, 그 땅에서 수년간 농작물을 수확할 수 있게 되었다.[119]

수호믈린스키는 노동이 아이들의 연령 수준에 적합해야 하며 신체적으로 부담이 되어서는 안 된다는 점을 인정했다. 그러나 아이들이 이른 나이에 노동활동을 시작하고, 그 형태가 어른들의 노동과 흡사할 때 엄청난 열정을 보였다고 주장했다.

수호믈린스키는 아이들의 노동활동을 사회적 의미에서 어른들의 노동과 유사하게 운영되도록 노력했다. 어른들이 사용하는 도구와 기계들을 본 따 소형 도구와 기계들을 제작하게 했고, 추가로 안전장치를 달았다. 동아리 활동 시간에 하급생과 상급생이 함께 소형 선반과 전동 공구들을 사용하는 광경은 흔한 풍경이었다.

소형 도구와 기계들은 보통 상급생들과 교사들이 만드는 경우가 많았다. 이 도구들은 어린 학생들의 눈에 대단히 매력적이었기 때문에 손재주를 익히도록 장려하기 위한 보상으로 사용하였다. 이를테면 전기 실톱을 사용하기 위해서는 수동 톱을 사용하는 법을 먼저 익혀야 했다. 이처럼 전동 도구를 손에 넣을 기회는 오로지 학생들의 흥미와 실력 수준에 달려 있었다.

다양한 노동활동을 제공해야 한다

여러 가지 노동활동은 학생들에게 직업 선택의 토대가 되는 다양한 경험을 제공하는 데 필수적이었다. 될 수 있는 한 많은 활동들을 경험할 때 학생들은 자신만의 고유한 재능이 무엇인지 발견할 수 있었다.

학교에 발을 들여놓은 순간부터 아이를 둘러싼 다양한 유형의 노동활동들은 비유적으로 말해 인력의 세기가 가지각색인 셀 수 없이 많은 자석들과 같다. 이 자석들은 아이가 갈 길을 안내하는 나침반의 바늘을 끌어당긴다. 자석이 강력할수록, 즉 아이가 참여한 노동활동이 더 재미있을수록 그 분야에 대한 능력과 애착심, 재능이 발전한다.[120]

다양한 노동활동은 여러 분야를 경험해보고 싶어 하는 아이들의 자연스러운 욕구를 충족시켰다. 파블리시 학교에는 45개의 동아리가 운영되고 있었고, 대부분의 학생들은 2개 혹은 그 이상의 동아리 활동에 참여했다.

노동활동은 장기간에 걸쳐 수행될 때 효과적이다

수호믈린스키는 노동이 일상이 되어야지 일주일이나 한 달, 일년 중 특정 시간에만 하는 활동이 되어서는 안 된다고 생각했다. 예를 들어 입학 첫해에 심은 과일나무를 돌보는 일처럼 장기간에 걸친 활동이 간헐적인 활동보다 아이들의 인격 형성에 훨씬 큰 영향을 끼친다고 확신했다.

한 가지 분야의 노동에 전념하는 것은 미래의 직업으로 이끄는 수준 높은 능력을 계발하는 주요 조건이 되었다. 수호믈린스키는 학생들이 특정 분야에서 '괄목할 만한 성공'을 이루기를 바랐다.

학교에 발을 들여놓은 순간부터
아이를 둘러싼 다양한 유형의 노동활동들은
비유적으로 말해 인력의 세기가
가지각색인 셀 수 없이 많은 자석들과 같다.

이 자석들은 아이가 갈 길을 안내하는
나침반의 바늘을 끌어당긴다.

자석이 강력할수록,
즉 아이가 참여한 노동활동이 더 재미있을수록
그 분야에 대한 능력과 애착심, 재능이 발전한다.

우리는 학생 각자가 가장 좋아하는 활동 안에서 괄목할 만한 성공을 이룰 수 있도록 애썼다. 학생들은 다양한 활동을 통해 자신의 능력을 시험해보고 많은 기술들을 습득한다. 하지만 특정 활동에서 성공을 거뒀다고 해도 자신의 나이에 비해 보통 수준의 테두리를 크게 벗어나지 못한다면 그것은 자신의 길을 여전히 찾지 못한 것이다. 괄목할 만한 성공이란 누구든 성취할 수 있는, 만족스럽거나 괜찮은 수준의 수행을 의미하지 않는다. 자를 제작하거나 모형 발전기를 조립하는 일은 누구든지 훌륭하게 해낼 수 있다. 단지 어떤 학생에게는 연습이 조금 더 필요하고, 어떤 학생에게는 덜 필요할 뿐이다. 하지만 노동을 가장 좋아하는 활동으로, 열정을 쏟는 활동으로 바꾸기 위해서는 또래 학생들이 성취할 수 있는 가장 높은 기준을 훌쩍 넘는 성공을 거둬야 한다. 우리는 이러한 성공만을 '괄목할 만한 성공'이라고 부를 수 있다.[121]

만약 어떤 학생이 '괄목할 만한 성공'을 거두지 못하면 다른 흥미에 관심을 집중하도록 격려했다.

누구든 어떠한 분야에서 시인이나 예술가가 될 수 있다고 믿기 때문에 우리는 학생들이 한 가지 일에 전력을 다하기를 바란다. 이것은 특정 분야의 세밀하고 정교한 부분까지 깊이 파고드는 행위이다. 만약 처음 시도에서 성공을 거두지 못한다면 우리는 새로이 시작할 수 있게 학생을 돕는다. 그리고 두 번째 시도에서도 실패한다면 우리는 학생이 다른 시각에서 문제에 접근하도록 돕는다.[122]

모든 노동은 창조적 측면과 지적 측면을 갖춰야 한다

이 원칙은 노동이 창조적 활동이라는 마르크스의 관점과 노동이 전인적 발달에 기여해야 한다는 관념과 연관되어 있다.

수호믈린스키는 학생들이 모든 노동활동을 창조적 노력의 장으로 보기를 원했다. 심지어 가장 평범해 보이는 농업활동 역시 그러했다. 그는 어느 글에서 소의 배설물을 치우던 학생들이 일을 좀더 수월하게 하려고 노동력을 절약할 수 있는 장치를 고안한 사례를 소개했다. 그리고 그들이 어떻게 소가 깔고 자는 밀짚의 품질을 향상시키는 법을 우연히 발견했는지에 대해서도 설명했다. 농업활동에 참여하는 대부분의 학생들은 연구 프로젝트를 통해 이러한 경험들을 쌓았다.

육체노동의 가장 강력한 동기부여 요소 중 하나는 노동의 이면에 놓인 관념의 의의이다. 즉 지적 능력과 육체적 노력과의 결합이다. 노동의 이면에 놓인 이러한 관념의 중요도가 높을수록 아무리 단순한 노동이라 할지라도 학생은 더 큰 관심을 보인다. 과학적 자료를 일에 활용해 거래, 연구, 실험에서 성과를 낼 때 학생들은 이 모든 것을 도덕적 가치의 표현으로 인지하고 체험한다.

농사일에서 육체적 노력과 지적 능력의 협력은 특히 중요하다. 이를테면 사탕무를 재배할 경우 여기에는 단조롭고 지루한 노동 과정들이 많다. 하지만 아무리 단순한 노동일지라도 연구 목표가 있다면 얼마든지 창조적인 일이 될 수 있다. 현재 우리 학교 학생들은 사탕무 뿌리의 당 함유량을 높이기 위한 방법을 연구 중이다.[123]

노동활동을 통해 직접 경험한 사실은 교실에서 습득한 지식을 강화시켜 주었고, 때로는 수업시간에 배울 내용을 앞서 배우는 기회가 되기도 했다. 특히 물리, 화학, 생물학, 수학과 같은 과목에서 자주 이러한 작용이 일어났다.

예외 없이 모든 학생은 생산적인 노동활동에 참여해야 한다

이 원칙은 노동자 의식과 철학을 반영하고 있으며 노동교육의 도덕적 차원과 관련이 있다. 수호믈린스키는 모든 학생이 교실과 학교의 다른 장소들을 청소하고 정리하는 일에 동참하기를 바랐다. 비록 청소와 정리는 단순노동이지만 절제력과 의무감, 매일 보는 주변 사물에 대한 미적 감수성을 기르는 데 중요한 역할을 한다고 생각했기 때문이다. 파블리시 학교의 학생들은 저학년 때부터 학교 건물을 청소했다. 또한 나무 심기, 거름 준비하기, 대규모 농사일과 같은 공동 프로젝트 활동에도 참여했다.

노동활동과 주변을 청소하고 정리하는 습관에 대한 의식적 태도
는 오로지 불결하고 정돈되지 않은 환경에 대한 내면화된 불관용
이 어린 시절부터 몸에 배었을 때만 가능하다. 이 시기에 이러한
태도는 주변 환경에 대한 정서적 감수성과 미적 감수성을 기르는
바탕이다.[124]

노동으로 인해 다른 관심사를 차단하면 안 된다

이 원칙은 노동 외에도 본질적 가치가 있는 활동이 있음을 인
정하는 것이다. 그리고 이것은 노동에 더욱 큰 의미를 부여하기 위
해서도 필요하다. 수호믈린스키는 노동의 강도가 높을 때 문화와
여가활동을 더욱 권장했다.

청소년기와 청년기 초반에 접할 수 있는 인류 문화의 원천이 풍요
로울수록 노동은 더욱 그들을 기품 있게 만든다. 그래서 우리는 학
생들의 다양한 정신적 삶이 집단 속에서 방해받지 않도록 노력한
다. 특히 학생들이 들판에서 노동에 매진하는 여름 몇 주 동안은
저녁 시간을 이용해 문학과 음악, 독서를 즐기거나 과학과 기술을
논하는 등 학생들이 원하는 활동을 하도록 돕는다.[125]

지금까지 파블리시 학교에서 노동교육의 근간을 이룬 원칙들
에 대해 살펴보았다. 이제부터는 이 원칙들을 실천하기 위해 채택

한 구체적인 방법들을 좀 더 면밀히 따져보자.

파블리시 학교를 성공으로 이끈 중대한 원동력은 정규 노동 수업을 보완하는 매우 광범위한 특별활동에 있었다. 정규 노동 수업으로 1학년에서 4학년은 원예와 수공예, 5학년에서 7학년은 시험구 재배와 기계 사용, 8학년에서 10학년은 산업과 농업 생산의 이론과 실제가 포함되어 있었다. 학년이 올라갈수록 노동 수업의 지적 요소와 실험 요소, 발명 요소의 수준도 함께 올라갔다.

수호믈린스키는 학생들에게 다양한 특별활동을 제공하는 것에 대단한 자부심을 가지고 있었다. 자신의 저서《파블리시 학교》를 통해 학교의 모든 동아리 목록, 그들이 구비한 장비와 사용 방법까지 자세히 설명할 정도였다. 특히 파블리시 학교의 동아리들은 하급생들이 상급생들과 함께 노동활동을 하며, 선배들로부터 지식과 기술을 배운다는 특징을 지니고 있었다.

학교에 갓 입학한 아이들의 눈을 사로잡는 것은 흥미로운 물건들의 행렬이다. 누구나 할 것 없이 이것들에 관심을 보인다. 그리고 각각의 학생들에게는 가장 좋아하는 작업장, 가장 좋아하는 취미, 그리고 롤 모델이 되는 상급생이 생긴다. 대부분의 학생들은 무언가를 배워 능숙해지고 나면, 자신이 습득한 기술과 지식을 친구들에게 전해준다. 이처럼 자신의 지식과 경험, 전문 기술을 누군가에게 전해줄 때 인간은 진정으로 교육된다. 또한 사람은 다른 사람과 도덕적 관계를 맺을 때 자신의 창조적 힘과 능력을 감지하기 시작하고, 정신적 풍요로움을 늘리는 데 관심을 갖게 된다. 이것이 바로 직업적 소질을 발견하고 자기주도 학습이 이루어지는 방식이다. 노동의 과정에서 여러 인격체들 사이의 도덕적 관계는 어떤 사람이 선한 행동을 하는 순간에, 그 행동이 다른 사람에게 본보기가 될 때 형성된다. 직업적 자기주도 학습은 바로 이러한 집단 속에서 형성되는 도덕적 관계에 달려 있다.[126]

소련에서 집단교육에 대한 관점과 소련의 관행에 대한 서구의 해석은 마카렌코 사상에 지대한 영향을 받았다. 마카렌코는 집 없는 아이들을 돌보는 기관에서 일했기 때문에 수호믈린스키와는 매우 다른 상황에 놓여 있었다. 그가 맡은 대부분의 아이들은 기관에 들어오기 전에 주로 범죄 조직에 속해 지역을 배회했었다. 이런 이유로 그의 공동체 조직은 군대와 같은 성격을 띠었으며, 자주 집단 훈육의 역할을 떠맡았다.

기관에 속한 아이들에게 기본적인 안전과 정서적, 육체적 안정을 보장해주기 위해서는 강력한 규율이 필요했다. 그러나 마카렌코가 개발한 집단교육 관행은 상황이 주는 특수성에 대한 고려 없이 수십 년간 교사 연수 지침서에 실렸고, 심지어 억압의 도구로 왜곡되기도 했다. 그 결과 교사의 권위를 높이기 위한 방법으로 아이들은 종종 또래를 비난하도록 부추겨졌다. 수호믈린스키는 마카렌코를 굉장히 존경했으며 자신의 멘토 중 하나로 삼았지만, 이러한 집단교육 관행에는 동의하지 않았다. 그는 아이들의 집단적 힘을 학생 훈육에 사용하는 것은 또래의 비난에 의한 트라우마를 낳기 때문에 역효과라고 비판했다.

수호믈린스키는 집단에는 각 개인의 발달을 촉진하고, 흥미에 불을 붙이며, 창의성을 자극하고, 곤란한 문제에 봉착했을 때 지원해주는 힘이 있다고 보았다. 이러한 그의 견해는 꽤 많은 논란을 일으켰으며, 마카렌코의 사상을 반대한다는 이유로 비난받았다. 그 결과 마카렌코는 집단교육의 옹호자이고, 수호믈린스키는 개인교육의 옹호자라는 인식이 널리 퍼졌다. 하지만 두 사람의 교육사상을 자세히 들여다보면, 이는 잘못된 인식이라는 것을 알 수 있다. 사실 마카렌코는 자신이 관리하던 아이들에게 개별적으로 큰 관심을 두었고, 수호믈린스키 또한 집단의 힘에 대한 책들을 썼다. 그러나 집단교육 방식에 있어서 수호믈린스키의 견해는 마카렌코의 사상과는 상당한 차이를 보인다.

이러한 차이는 집단의 교육적 힘에 관한 수호믈린스키의 생각에도 잘 드러나 있는데, 이는 서구의 교사들도 주의 깊게 살펴봐야 할 부분이다. 학생들이 서로에게 미치는 영향력이 교사의 영향력 못지않다는 것을 깨달을 때, 그리고 그 영향력이 매우 긍정적일 수 있다는 인식이 뒤따를 때, 교사에게는 새로운 가능성이 열리게 된다. 한 학생이 문학, 전자기술, 천문학에 열정을 보인다면, 이것은 다른 학생들의 흥미에 불을 붙이는 발화 장치가 될 수 있다.

우리의 교육적 노력에서 가장 중요한 목표 가운데 하나는 어떠한 학생이라도 마음에 불붙지 않은 상태로 방치하지 않고 모든 재능과 능력을 완전히 펼치게 하는 것이며, 가장 재능 있고 능력 있는 학생들이 교육자가 되도록 보장하는 것이라고 할 수 있다. 오로지 이렇게 할 때만 제대로 된 교육이 가능할 것이다.

재능 있고 능력 있는 학생 곁에는 늘 아이들이 모여든다. 같은 관심사를 갖고 있어 호감을 보이는 남학생과 여학생들이다. 이들은 자주 상급생들이 하는 일에 흥미를 보인다. 그러나 재능 있는 학생은 자신이 다른 학생들을 이끌고 있다는 생각을 전혀 하지 못한다. 단지 자신의 일에 몰두할 뿐이다. 처음에는 옆에 누가 와서 일하고 있는지도 알아차리지 못한다. 의식적으로 다른 학생을 이끌고 있다는 생각은 나중에 생긴다. 이러한 모습은 언뜻 보기에 작업에 대한 준비성과 재능, 다양한 기술을 가진 청소년들이 어린 학생들과 함께 무질서하게 섞여 있는 것처럼 보인다. 예를 들어 2학년 학생이 8학년 학생과 함께 작업하고 있고, 5학년 학생은 10학년 학생으로부터 뭔가를 배우고 있다. 하지만 이렇게 명백해 보이는 무질서는 나중에 진정한 자기주도 학습으로 바뀐다. 다양한 연령대의 학생들이 노동에 대한 열정으로 하나가 되는 것이다.[127]

정규 수업 외에 운영되는 동아리 활동은 그 당시 파블리시 학교의 교육 경험을 통합하는 기능을 했다. 그리고 학교의 전반적인 분위기와 학생들의 학업적 흥미와 성취에 많은 영향을 끼쳤으며, 교사가 학생들에게 하는 조언이나 충고의 기본 방향이 되어주었다.

대단히 많은 소련 학교들이 실패를 거듭하던 이 시기에 수호믈린스키는 어떻게 성공적인 노동 교육과정을 개발할 수 있었던 것일까? 파블리시 학교의 노동교육을 성공으로 이끈 주요 요인은 그의 쉼 없는 열정이었다. 그리고 생산적 노동을 다른 무엇보다 우선시한 점이었다. 그는 교사를 채용할 때 특정 노동 기술의 전수 능력을 중요한 기준으로 삼았다. 이러한 노력 덕분에 파블리시 학교에서는 교사와 학생들이 필요한 물적 자원을 직접 만들어 썼으며, 그 장비들을 다른 학교에 공급하기도 했다.

예술교육

수호믈린스키의 교육방식에서 가장 큰 특징적 수단이 노동활동이라면, 가장 특징적 목표는 미적 탐구였다. 수호믈린스키는 예술적 감각을 사고와 감정의 혼합물로 보았고, 이것은 학생의 활동에 의해 영향을 받는다고 생각했다.

미적 지각에서 인지와 정서적 과정으로서 한쪽에는 일반적으로 사고라고 부르는 개념과 관념, 판단이 있으며, 반대쪽에는 감정과 정서가 있다. 이 두 가지 측면은 서로 깊은 관련이 있다. 예술교육의 성공은 학생이 '아름다운 것'의 본질을 이해하는 수준에 달려 있다. 하지만 학생 내면세계에 미치는 자연의 아름다움과 예술 작

157

품의 영향, 주변 환경의 영향은 예술의 객관적 존재에 의해서만 좌우되는 것이 아니라 학생 활동의 특징에 의해서도 결정되는데, 그 과정에서 아름다움은 주변 사람들과의 관계 속에서 통합된다.[128]

감각과 활동 사이의 연결 고리는 예술교육이 다른 교육과정들과 통합할 수 있는 근간이다. 이미 신체교육에서 수호믈린스키 방식의 예술적 고려 사항들과 그가 강조한 동작의 우아함에 대해 설명했다. 예술적 요소는 노동활동 속에도 존재한다. 특히 화초 재배 같은 몇몇 활동에는 예술적 동기가 무척 중요하다. 이러한 관점에서 수호믈린스키는 노동활동을 예술교육의 필수 요소로 생각했다.

아름다움이 사람을 기품 있게 만드는 것은 아름다움을 창조하기 위해 노동할 때뿐이다. 사람이 노동을 하는 것은 매일 먹는 빵 때문만이 아니라 기쁨 역시 그 이유라는 것을 가르치려 애쓴다.[129]

수호믈린스키는 감수성과 공감능력을 키우는 데 있어서 예술의 힘을 강하게 믿고 있었다.

운동장에서 각 학급이 창조하는 예술적 공간들은 장미와 라일락, 포도, 배로 가득하다. 예술의 힘은 연약하며 무방비한 존재, 즉 돌보지 않으면 죽게 될 존재에 관심을 가질 때 체험할 수 있다.[130]

다른 전인적 발달의 측면들과 마찬가지로 수호믈린스키는 취학 전과 입학 초기 몇 년을 예술교육에 있어 가장 중요한 시기로 보았다.[131] 그는 도덕적 아름다움에 대한 감각을 예술교육의 중요한 측면으로 여겼으며, 궁극적 목표는 자신의 인격 안에 있는 아름다움을 발견하는 것이었다.[132]

예술적 감각에 대한 지적 요소를 인식한 수호믈린스키는 지식을 얻고자 하는 욕구 속에도 예술적 요소가 존재한다고 생각했다.

탐구적, 실험적 노동을 하려는 열망은 아름다우면서도 지적으로 성취감을 주는 노동에 대한 예술적 욕구의 충족이다.[133]

수호믈린스키는 자신의 삶에서 가장 행복한 순간들은 사색의 기쁨이 있는 자유로운 사고의 순간들이라고 말했다. 그는 대단히 낭만적인 사람이었고, 예술적 감각은 늘 자연에서의 사색과 함께 시작되었다.

우리는 학생들에게 이렇게 가르친다. "인간이 동물의 세계에서 선택받은 존재인 까닭은 최초로 도구를 사용했기 때문이 아니다. 짙은 푸른빛 하늘과 반짝이는 별, 해가 뜨고 지는 시간에 흘러넘치는 장밋빛 하늘의 깊이를 보았기 때문이다."[134]

우리는 학생들에게 이렇게 가르친다.

"인간이 동물의 세계에서
선택받은 존재인 까닭은
최초로 도구를 사용했기 때문이 아니다.

짙은 푸른빛 하늘과 반짝이는 별,
해가 뜨고 지는 시간에 흘러넘치는
장밋빛 하늘의 깊이를 보았기 때문이다."

수호믈린스키가 읽고 쓰는 법을 가르치기 위해 6세 아이들을 데리고 자연으로 소풍을 간 이야기에서도 알 수 있듯이, '어휘의 원천으로 가는 소풍'은 학교를 졸업할 때까지 학생들의 언어활동을 자극하는 방법으로 주로 활용되었다. 그리고 각 학년 수준에 맞춰 그들이 소풍을 가서 읽을 시들을 선별했다. 더불어 창의적 글쓰기도 지속적으로 권장했다.

어휘를 창조적으로 사용하는 능력, 즉 자신의 생각과 느낌, 내적 체험을 예술적 이미지로 구현할 줄 아는 능력은 작가들에게만 요구되는 능력이 아니다. 교양인이라면 누구나 필요한 능력이다. 이러한 능력이 발달한 사람일수록 예술적 교양 수준이 높고, 감정도 더 섬세한 편이다. 그들은 더 심오한 경험을 할 수 있으며, 새로운 예술적 가치에 대해 더 명료한 감각을 갖는다.[135]

음악은 언어를 보완하는 표현 매개물로 보았다.

음악을 듣고 감상하는 능력은 예술적 교양의 기본 특징 중 하나이다. 음악 없이 완전한 교육을 상상하기란 불가능하다. 음악 영역은 말이 끝나는 곳에서 시작한다. 말로 표현하기 불가능한 경우라도 음악적 선율을 통해서는 표현이 가능하다. 음악은 기분과 감정을 직접적으로 전달하기 때문이다.[136]

작곡가 카발렙스키는 소련의 가장 창조적인 음악 교육자 중의 한 사람이다. 그는 수호믈린스키가 한 말을 자신의 여러 저서에서 서두로 인용했으며, 몇 가지 문구를 다음과 같이 언급했다. "음악교육은 음악가를 길러내는 교육이 아니다. 음악교육은 무엇보다 한 인간을 길러내기 위한 교육이다." 카발렙스키는 수호믈린스키의 글이 학교 음악교육에 관한 그의 생각들을 형성하는 데 도움을 주었다고 말했다.[137]

읽기 쓰기 교육과 마찬가지로 수호믈린스키는 '자연으로 떠나는 소풍'을 음악 감상에 입문하는 방법으로 자주 사용했다. 이를테면 림스키코르사코프의 〈왕벌의 비행〉을 감상하기 전에 하급반 학생들을 목초지로 데려가 그곳의 소리를 들려주는 식이었다.[138] 그림을 감상할 때에도 비슷한 방식을 택했다. 비록 국가 교육과정에는 포함되지 않으나 미술 감상 수업을 언어 수업과 자연으로 떠나는 소풍에 통합했다.

또한 수호믈린스키는 학교 운동장과 교실 같은 물리적 환경도 학생들의 예술교육에 기여할 수 있도록 심혈을 기울였다. 이곳에서 학생들은 고유한 활동을 통해 주변 환경을 개선하였다.

우리는 학교 운동장 어디서든 학생들이 자연의 아름다움을 발견할 수 있게 애쓰고 있으며, 그 공간은 학생들이 돌봄으로써 훨씬 더 아름다워진다.[139]

다음 글은 교실에서 아이들이 스스로 실천한 돌봄의 사례를 잘 보여준다.

우리는 교실과 작업실, 실습실의 환경 조성에 상당한 관심을 기울인다. 모든 학급의 학생들은 그들의 교실이 다른 교실과 구분될 수 있는 특별함을 찾는다. 예술적 환경의 이런 특별함은 작은 것, 이를테면 칠판 옆에 둔 화분과 같은 소소한 것에 의해 만들어질 수 있다. 어떤 교실은 레몬나무, 다른 교실은 장미, 또 다른 교실은 작은 소나무 화분 따위가 놓인다. 학교 운동장의 아름다움을 떠올리게 하는 작은 꽃이나 화초가 교실 창가나 칠판 옆을 장식하는 것만으로 교실 전체의 예술적 환경 방식을 결정한다. 여기에서 중요한 것은 화초의 양(창은 햇볕을 위한 것이므로)이 아니라 하늘을 등지고 만들어지는 화초의 줄기와 잎의 아름다운 실루엣이다.[140]

다음 글은 이러한 개념을 한 단계 더 발전시킨 것으로 수호믈린스키 특유의 예술적 감수성을 이해하는 데 도움을 준다.

학생을 둘러싼 물체들 간의 조화로움은 공동의 예술적 정신을 부여한다. 예를 들어 과수원이 내다보이는, 불이 환히 켜진 넓은 창가에 누군가 커다란 꽃송이들을 가져다 놓았다고 하자. 이때 큰 꽃송이들은 다른 물체들의 아름다움, 과수원이 가진 아름다움을 잃게 할 것이며, 주변 환경과의 조화로움마저 사라지게 만들 것이다. 그러나 과수원과 잘 어울리는 꺾꽂이 화분을 창가에 놓는다면, 시간이 흐르면서(조화로움의 특징은 대조에 있을 수도 있다) 화분과 과수원, 광활한 들판은 매우 새롭게 인식될 것이다.[141]

수호믈린스키가 교복 착용에 반대한 것도 같은 맥락의 접근으로, 이는 학생 개개인에 대한 관심의 증거라고 할 수 있다. 파블리시 학교에도 복장 규정을 두긴 했지만, 이것은 엄격한 규율이라기보다는 예술적 원칙들과 비슷한 것이었다.

우리는 학생들이 단 하나의 교복을 입는 것에 반대한다. 현재의 교복은 전혀 유용하지 못하다. 특히 여학생 교복이 그러하다. 보기에도 흉측한 교복을 새로운 교복으로 바꿔 달라고 학생들이 교육부에 요청하는 것은 당연하다. 우리는 옷이 학생들의 개성을 보여주며, 예술적 특징들을 두드러지게 한다고 생각한다.[142]

머리 스타일에서도 같은 관점을 고수했다. 파블리시 학교의 학생들은 개개인의 개성과 특성에 맞는 머리 스타일을 할 수 있었다.

파블리시 학교의 전인교육

지금까지 수호믈린스키의 전인교육과 이를 실천하기 위해 그가 개발하거나 도입한 창의적 방법들을 살펴보았다. 파블리시 학교에서 펼쳐진 전인교육은 다섯 가지 요소로 구성되어 있는데 도덕교육, 신체교육, 지식교육, 노동교육 그리고 예술교육이 그것이다.

전체 교육체계의 중심에는 도덕이 자리를 잡고 있었으며, 이러한 도덕적 핵심이 파블리시 학교교육의 다른 모든 측면에서 동기로 작용했다. 이 도덕적 핵심의 본질은 지식과 노동을 통해 개인의 성장과 집단의 행복을 추구하는 것이다. 그 궁극적 가치는 개별적 존재로서 인간에게 있다. 각 개인은 그 자체로 하나의 세계이기 때문이다. 이 세계가 어느 정도 풍요로운지는 모든 교육활동을 통해 축적

되는 '정신적 풍요로움'에 달려 있다.

건강은 모든 개인적 성장의 토대가 된다. 수호믈린스키는 학생들의 건강관리에 많은 관심을 기울였다. 신체교육을 교육의 기본 원칙으로 간주하였고, 이 원칙에 따라 학교에서 수행되는 모든 교육활동에 노동을 포함했다. 파블리시 학교는 지식교육과 노동교육을 동시에 수행하였으며, 모든 교육활동은 도덕적 사안들과 밀접한 관련이 있었다.

전인적 발달의 중요성이나 그 구성 요소를 제시하는 것은 교육학 전반에 걸쳐 중요하게 다루어져 왔던 사안이다. 여러 요소의 결합을 추구하는 전인교육의 목적은 아이들을 팔방미인으로 기르는 데 있지 않다. 여기서 전인(全人)이란 한마디로 지(知), 정(情), 의(意)를 두루 갖춘 사람을 말한다. 이때 간과하면 안 될 것은 이 요소들의 '조화로운' 결합이다. 즉 인지 역량, 사회·정서 역량, 신체능력의 조화로운 발달 속에서 지적으로 충만하며, 타인의 상황에 공감하는 사회 속의 개인으로 성장하는 것을 목적으로 한다. 전인교육의 중요성이나 구성 요소를 제시하는 것은 고대로부터 현대까지 강조됐던 사항이며, 최근 미래사회의 도래와 관련한 역량 담론 역시 그 뼈대는 전인적 발달이다.

여기에 더하여 수호믈린스키가 전인적 발달의 중요한 요소로 제시한 것이 바로 예술교육이다. 이것은 인간관계를 포함한, 일상생활을 아우르는 모든 측면의 미적 창조와 미적 감각에 그 목표를 두고 있다. 물론 교육현장에서 이러한 다양한 측면들은 개별적으로 존재하는 것이 아니라 하나의 방식으로 통합되어 있다. 이러한 요소들은 정규 교육과정의 개별 과목에 각각 대응하는 것은 아니지만 모든 활동에 있어서 교사와 학생들의 관심사를 반영한다.

신체능력과 미적 요소는 유기적으로 결합하여 전인적 발달에 기여한다. 자연이나 사물, 또 인간의 행위를 보고 감탄하는 이유는 아름다움을 추구하는 인간의 마음에서 비롯한다. 그런데 감탄으로 끝나는 수동적 마음이 어느새 '내 몸을 움직여 표현해보고 싶다'는 능동적 욕구로 바뀐다. 내 몸을 움직여 생각하는 바를 표현하는 것은 주요한 수행능력 중 하나이다. 이와 같이 신체능력과 미적 요소는 개인의 느낌과 표현을 통해 통합적으로 발현된다.

수호믈린스키는 전인적 발달의 구성 요소를 제시한 것에 그치지 않고 파블리시 학교에서 실천을 통해 구체적인 방법을 적용했다. 이것이 다른 교육자들과 구별되는 수호믈린스키 교육의 특징이다. 입학 전 단계부터 학교에 재학하는 동안 수호믈린스키는 아이들의 건강을 특별히 챙겼다. 여기서 건강을 챙겼다는 것은 건강의 중요성을 강조한 데서 그친 것이 아니라 구체적인 실천과 활동을 부과하는 중에 자연스레 건강한 신체를 갖도록 했다는 뜻이다.

사람의 건강을 돌보는 것은, 특히 아이들의 경우는 두말할 나위도 없이, 단순한 위생 문제의 기준이나 규칙에 대한 것도 아니고 특정한 식단이나 운동과 휴식에 필요한 기준도 아니다. 그것은 무엇보다도 체력과 정신력의 완전한 조화를 위한 것이고, 그 조화의 정점은 바로 창조하는 기쁨에 있다.[143]

이 글을 보면 수호믈린스키가 추구했던 전인적 발달의 목표가 무엇이고, 각 요소들이 어떻게 유기적 연관을 맺어야 하는지를 알 수 있다. 또한 전인교육의 한 요소인 노동교육 역시 중요하게 다루고 있다는 것을 알 수 있다. 왜냐하면 노동이란 체력과 정신력을 바탕으로 하는 것이요, 그것의 조화로운 이상은 바로 '창조하는 기쁨'이기 때문이다.

이제 몸을 움직여 신체를 발달시키는 활동이 어떻게 아이들의 상상력과 결합하는지 알아보자.

그해, 아이들은 깊은 호수에서 헤엄치는 법을 배웠다. 나는 물놀이하기에 안전한 곳을 골라서 한 번에 한 명씩 데리고 나갔다. 마른풀을 만드는 날은 특별히 즐거웠다. 우리는 어른들이 풀을 말리고 마른풀을 쌓는 일을 돕고 저녁에는 쌓아 놓은 마른풀 더미에 올라가곤 했다. 아이들은 이때를 좋아했는데 별들과 먼 우주에 대한 이야기를 듣고 싶어 했다. 별이 수놓인 둥근 지붕 아래에서 아이들은 대우주를 가까이 느꼈고 이렇게 물었다. "지구와 태양과 저 별들은 다 어디에서 왔어요?" [144]

헤엄치는 법을 배우던 아이들이 지구와 태양과 별의 신비로움을 느끼기까지 그 연결은 인위적이지 않고 자연스럽다. 헤엄치는 법을 배우는 것은 수호믈린스키의 전인교육 요소 중 신체적 발달 영역에 해당한다. 어떻게 신체교육 과정이 우주에 대한 경이로움을 느끼는 것으로 연결되었을까?

아이들은 헤엄치는 법(신체교육)을 배운 이후에 어른들이 하는 건초 만드는 일(노동교육)을 돕는다. 대우주의 기운을 느끼는 것은 지적 능력과 미적 능력의 결합이며(지식교육, 예술교육), 이는 자연스럽게 아름다움에 대한 감탄(마음교육)으로 이어진다. 수호믈린스키는 아이들이 지구와 태양, 별의 존재에 대하여 의문을 가진 것을 두고 자연의 아름다움과 위대함 앞에서 이성과 감성이 경이로움에 사로잡혔기 때문이라고 믿었다. 수호믈린스키가 어느 행성에 대한 이야기를 아이들에게 들려주었을 때 아이들은 "그것 너머에는 뭐가 있을까요?"라고 재차 질문을 했는데, 수호믈린스키는 이 질문을 영원이 잊을 수 없을 것 같다고 고백했다.

우리 눈에 보이는 세상 너머에도 이것과 똑같은 우주가 펼쳐져 있고 행성의 수는 셀 수 없을 만큼 많다는 수호믈린스키의 말에 아이들은 놀랐다. 성급한 독자는 소련이 미국보다 먼저 인공위성을 쏘아 올린 것은 학교에서부터 계획적으로 과학교육을 강조했기 때문이라고 생각할 것이다. 그러나 수호믈린스키의 과학교육 방법은 철저하게 아이들의 자유로운 상상력을 자극하는 것이었다. 아마도 그는 이러한 자연스러운 접근만이 아이들에게서 자연에 대한 호기심, 우주의 작동원리에 대한 호기심을 유지시키는 방법이라고 믿었을 것이다.

수호믈린스키는 아이들이 학교에 입학하면서 겪게 될 문화충격을 완화하기 위해 큰 노력을 기울였다. 그는 가정생활과 학교생활의 간극의 크면 아이들의 정서가 흔들리게 될 것이며 불안한 정서 상태에서는 지식탐구가 제대로 이뤄지지 않을 것이라 생각했다.

아이들이 학교에 들어오기 전에 누렸던 자연과 놀이와 아름다움과 음악과 공상의 놀라운 세계를 교실 밖으로 밀어내고 문을 닫아버려서는 안 된다. 학교생활의 처음 몇 달이나 처음 몇 년 동안은 학습이 단 한 가지 형태로 바뀔 필요는 없다. 아이들은 입학 전에 누렸던 즐거움과 똑같은 즐거움을 교사가 자기들 앞에 가득 보여줄 때 학교를 좋아한다. 그렇다고 아이들이 지루해할까 봐 아이들의 즐거움에 맞추어 학습을 수정하거나, 일부러 가벼운 것으로 만들어서는 안 된다.[145]

수호믈린스키는 학교생활에서 머리가 얼마나 좋으냐는, 대부분 지적 활동과 육체노동이 얼마나 밀접히 관련되느냐에 따라 결정된다고 보았다.

두 손의 연관성이 밀접할수록 노동은 학생의 정신생활에 더욱 깊이 스며들었고 그들이 즐기는 일이 됐다. 노동에서 일어난 창조는 학생의 지능을 발전시키는 가장 강한 자극이 됐다.[146]

육체노동과 지적 사고를 결합하려는 노력은 학생들이 일하면서 생각하고, 생각하면서 일하는 데 의미가 있다. 이러한 과정을 통해 학생들은 단순한 지식의 소비자로 머무는 것이 아니라 생각하는 현명한 사람으로 성장한다. 지적 사고와 육체노동을 결합하는 방법으로 수호믈린스키는 독서활동을 권장했다. 그가 보기에 정신생활이 없는 노동은 학생의 지능을 소모시킬 뿐만 아니라 정신을 공허하게 만드는 기계식 암기 현상을 낳는 것이었다. 이러한 기계식 암기를 극복하는 방법이 바로 '창조적 노동'이라고 여겼다.

파블리시 학교에서 수호믈린스키가 설명한 자신의 목표와 경험, 그리고 수업을 참관하러 학교에 찾아온 방문객들의 증언을 토대로 판단할 때, 우리는 그의 교육방식을 두말할 필요 없이 전인교육론이라고 정의할 수 있다. 수호믈린스키의 교육성과에 대한 반응은 그의 노력의 핵심에 놓인 도덕적 가치를 수용하는지 여부에 크게 의존한다. 만약 정치적 교화 요소들을 수용하고(혹은 무시하고), 친절과 공감능력이 규범이 되며 공공의 선을 위해 모두가 일하는 사회를 꿈꾸는 수호믈린스키의 미래상에 호응하는 사람이라면 누구든 그의 교육 유산으로부터 영감을 받을 수 있을 것이다.

Василь Олександрович Сухомлинський

4장

마음교육

자연에 대한 미적 감각 깨우기

인간은 어릴 때에 친절함을 가르치는 '정서 학교'를 거쳐야 한다.[147]
학생들을 향한 지혜로운 사랑은 우리 교육문화의 정점이며, 우리
교사들의 생각과 마음이다. 학생을 향한 진심, 따뜻함, 선의, 한마
디로 '친절'은 학생의 고유한 정서를 교육하기 위해 오랜 시간 노
력한 교사들의 결과물이다.[148]

  수호믈린스키가 인간관계와 사회를 형성하는 데 있어서 중요
하게 여긴 것은 인간 행동의 심리학적 근간인 지각, 감정, 태도였
다. 그는 특정한 규율에 대한 순응보다는 개개인의 마음에 영향을
주는 데 늘 관심이 많았다. 그리고 복종과 순종을 미덕으로 착각하

는 것보다 더 어리석은 일은 없다고 주장했다.[149]

그는 미덕이란 의식적으로 길러지는 것이지 저절로 만들어지는 게 아니라고 믿었다. 그리고 미덕을 교육하는 수단은 매우 개인적인 것이어야 했다.

우리의 업무는 인격 발달에 있어서 정신생활의 미묘한 측면인 지성, 감정, 의지, 확신, 자의식을 다룬다. 이 영역에 영향을 끼칠 수 있는 방법은 오직 지성, 감정, 의지, 확신, 자의식에 따른 행동을 통해서 만이다. 학생의 정신세계에 영향을 주는 가장 중요한 수단은 교사의 말이며, 주변 세계와 예술의 아름다움이며, 가장 강렬한 감정 표현을 불러일으키는 상황의 창조, 즉 전체적 정서 영역을 아우르는 인간관계이다.[150]

마음교육에 있어서 강요는 부적절하며, 오히려 역효과를 초래한다. 수호믈린스키는 "벌은 자기 양심의 심판으로부터 인간을 도망치게 한다."는 도스토옙스키의 말을 인용하곤 했다.[151] 훨씬 더 어렵긴 하지만 적절한 접근 방법은 개인의 양심을 일깨워 도덕 발달이 자율적으로 이루어지게 하는 것이었다.

도스토옙스키는 수호믈린스키의 사상에 지대한 영향을 끼친 인물 중 한 명이었다. 그는 어릴 적 할아버지에게 물려받은 도스토옙스키 전집을 평생 보물처럼 소중히 여겼다.[152] 수호믈린스키 역시 도스토옙스키처럼 인간의 범죄 행위에 관심을 두고, 반사회적 행위의 근원을 이해하려고 노력했다.

《시민의 탄생》에서 수호믈린스키는 460가지 청소년 범죄를 세밀하게 연구했다. 그는 범죄에 연루된 젊은이들을 면담하고, 그들의 가정을 방문 조사했다. 그러고 나서 다음과 같은 결론을 내렸다.

> 나는 460곳의 가정을 연구했다. 이 가정들은 모두 범죄와 반도덕적 행위를 저지른 청소년들이 성장한 곳이다. 나는 그들의 가정에서 다음과 같은 모습들을 발견했다. 강력 범죄일수록 그 가정은 비인간적이고 더 잔인하며 더 무지했으며 지적, 예술적, 도덕적 관심과 욕구도 더 낮았다. 범죄와 반도덕적 행위를 저지른 청소년들의 집안에는 책을 읽을 수 있는 서재가 없었다. 아주 작은 공간조차도 없었다.
> 이 청소년들 중에는 교향곡과 오페라 또는 실내악의 이름을 댈 수 있는 사람이 아무도 없었다. 그들은 고전 음악이든 현대 음악이든 작곡가의 이름을 단 한 명도 알고 있지 못했다.[153]

여기서 우리는 인성 발달에 있어서 지적 발달과 미적 발달의 역할에 대한 수호믈린스키의 믿음을 볼 수 있다. 그는 전인적 발달과 인간성 발달 사이에 명백한 연결 고리가 있다고 보았다.

수호믈린스키가 청소년 범죄를 연구하면서 실행한 두 번째 조사 방법은 인간관계 연결망의 분석이었다. 연구 대상이었던 청소년들이 성장하는 동안 지속적으로 맺은 인간관계를 조사했다.

나는 다루기 힘든 청소년, 좀 더 정확히 표현하자면 정신적으로 빈약한 어린 시절과 청소년 시절을 보낸 아이들이 학교에서 맺은 인간관계를 분석했다. 만약 이 아이들이 관계를 경험한 적이 있다면, 그 본질과 내용은 분명 그들 자신의 내적 자원에 기여했을 것이다. 그리고 이것은 상대를 위한 행복을 창조하려는 노력으로 이어졌을 것이다. 하지만 이 아이들이 과연 상대의 미래를 걱정하고, 마음으로 얻을 수 있는 가장 높은 경지인 인간의 기쁨, 즉 타인에게 행복을 전하는 기쁨을 체험해본 적이 있었을까? 그 어떤 것보다 중요한 이 체험이 범죄를 저지른 청소년들의 경우 가정과 학교 양쪽에서 부재했음이 너무나 명백했다.[154]

수호믈린스키의 마음교육 방법을 살펴보려면 미적 발달에 대한 그의 접근 방식에 초점을 맞추어야 한다. 그리고 청소년의 인격을 함양하거나 손상시킬 수 있는 인간관계 연결망에 초점을 맞추어야 한다. 그중에서도 상당 부분을 교사와 학생 간의 관계에 할애해야 할 것이다. 사제 관계는 전형적인 교육적 관계일 뿐만 아니라 수호믈린스키가 가장 관심을 둔 영역이기 때문이다.

이 장에서는 수호믈린스키가 학생들의 마음을 교육하는 데 사용한 특정한 기술들을 자세히 살펴볼 것이다. 이 기술들은 학생들의 미적 감각을 일깨우고 공감능력을 계발하는 데 목표를 두고 있다. 또한 학생의 발달에 자양분을 제공한 가족 내 관계, 또래 관계, 교사와의 관계 같은 다른 관계들도 살펴볼 것이다. 그리고 이러한 관계의 본질에 영향을 주도록 수호믈린스키가 발전시킨 방법들과 부모교육에 대한 그의 참여, 교사들의 단결에 기여한 것, 아울러 집단교육 방법에 대해서도 들여다볼 것이다. 마지막으로 파블리시 학교에서의 아동교육 경험이 어떻게 학생들의 인간적 자질을 끌어내기 위해 구조화되었는지 간략히 요약할 것이다.

수호믈린스키와 그가 가르친 학생들 간의 생생한 이야기는 가장 널리 알려진 저서인《아이들에게 온 마음을》에 잘 나타나 있다. 이 책에서 그는 초등교육을 마칠 때까지 맡았던 특정 반 학생들과의 경험을 상세히 풀어냈다. 이 책의 후속작인《시민의 탄생》에서는 초등학교 때부터 쭉 가르쳐왔던 아이들의 중등교육 4년의 경험을 이야기하고 있다. 4장 마음교육에서는 이 두 권의 책을 광범위하게 참조했다.

수호믈린스키는 어린아이의 본성을 이상화하지 않으려 애쓰면서 아이들이 세계를 인식하는 방식을 매우 중요한 능력으로 여겼다. 그리고 그들에게서 어른들이 종종 동경하는 데서 그치고 마는 자질들을 보았다.

폴란드의 저명한 교육가 야누슈 코르착은 한 편지글에서 어른들이 아이의 정신세계 수준으로 올라가야지 낮춰서는 안 된다고 말했다. 이는 굉장히 미묘한 생각으로 우리 교사들이 깊이 생각해봐야 할 본질적인 문제이다. 진정한 교사는 아이들이 세계를 인식하는 방식, 즉 아이들을 둘러싼 현실에 대한 그들의 감정적, 도덕적 반응이 특별한 명료성, 예리함, 자발성으로 구별된다는 점에 주목한다. 아이들을 이상화하거나 그들에게만 있는 기적 같은 자질로 설명하지 않고 말이다. 야누슈 코르착이 아이의 정신세계로 올라가기 위해 소환한 것은 아이의 세계를 아는 방법, 즉 정신과 마음을 가진 지식에 대한 민감한 이해와 감사로 이어져야 한다.[155]

수호믈린스키의 교육성과 대부분은 아이들에게 내재된 특정 자질들을 발달시키려는 시도로 볼 수 있다. 그가 일반적인 학교 관행에서 자주 벗어났던 것은 그러한 관행이 종종 아이들에게서 보존하고자 하는 미덕을 파괴한다고 여겼기 때문이다. 그래서 어린 학생들을 오랜 시간 교실에 가둬두거나 경험에서 분리된 언어교육은 철저히 피했다.[156] 그는 십대들이 단순히 권위자에게 문제를 보고하는 것이 아니라 마음의 침입자에 대항하여 독립적으로 행동하는 청소년이 되기를 바랐다.[157]

《아이들에게 온 마음을》의 첫 장 제목은 '즐거운 학교'이다. 이 장에서는 6세 아이들과 함께한 수호믈린스키의 선구자적인 접근 방식이 담겨 있다. 특히 자연 속에서 이루어진 읽기와 쓰기 교육방법을 자세히 설명하고 있다. 이 시기 아이들에게 쏟은 그의 모든 노력은 상상력과 예술적 감수성 계발, 그리고 또래들과 가족 구성원들과의 관계 발달에 초점이 맞추어 있었다.

아이들과 함께한 첫 수업에서 그는 아이들에게 신발을 벗고 (이맘때 아이들은 신발을 신는 것에 익숙하지 않았다), 포도 넝쿨로 덮인 정자로 자신을 따라오게 했다. 아이들이 그늘에 앉아 포도나무 잎사귀 사이로 새어 나오는 빛줄기를 보고 있을 때, 그 모습에 마음이 끌린 수호믈린스키는 동화를 하나 지었다. 이 이야기는 아이들이 관찰한 자연의 아름다움을 토대로 그가 지은 것이었다. 그 내용은 이러했다.

한 커다란 대장장이가 있었다. 그는 매일 힘겹게 태양한테 줄새 왕관을 만들었다. 불꽃이 왕관을 뚫어 햇살이 마구 쏟아졌기 때문이었다. 이 이야기를 들은 아이들은 내용을 새롭게 바꾸자고 제안했다. 수호믈린스키는 이야기를 들려주며, 그에 어울리는 그림을 그렸다. 이것은 아이들에게 주변 환경을 자각해 그 안에서 기쁨을 느끼게 하고, 그들의 상상력을 자극하며, 아이들과 기쁨에 찬 관계를 형성하는 그만의 방식이었다. 수업은 아이들 각자의 손에 포도두 송이를 건네주는 것으로 마무리되었다. 한 송이는 아이의 몫이었고, 나머지 한 송이는 아이의 엄마를 위한 것이었다. 이것은 아이들이 생산적 노동활동을 할 만큼 충분히 자랐을 때, 자신의 포도나

무를 직접 심고 가꿀 수 있게 하기 위해서였다.[158]

이 일화를 통해 수호믈린스키의 접근 방식에 대한 핵심 요소들을 파악할 수 있다. 그것은 수업을 진행할 아름다운 자연환경 선택하기, 주변 환경과 관련된 이야기 짓기(교사와 학생 모두), 아이들의 식단과 건강에 관심 두기, 가족과 친구들에게 기쁨을 전하는 법을 알려주기 등이다. 수호믈린스키는 세세한 연간 활동 계획을 세우지 않았다. 단지 자신을 아이들이 이 세계를 탐색하고 창조적으로 반응할 수 있도록 옆에서 도움을 주는 사람이라고 생각했다.

> 6세 아이들을 위한 학교생활은 내게 깊은 영감을 준 한 가지 아이디어에서 발전한 것이다. 그것은 본질적으로 아이들은 열정적인 연구가, 즉 이 세상의 탐험가라는 생각이었다. 그러므로 아이 앞에 살아있는 색채, 밝고 신나는 소리, 동화와 놀이, 자신만의 고유한 창조성, 마음을 울리는 예술적 아름다움, 그리고 타인에게 선의를 베풀려는 의지로 채워진 아름다운 세상이 펼쳐지게 하자. 아이의 마음에 진정으로 닿을 수 있는 방법은 동화와 상상, 놀이 같은 그들의 독특한 창조성을 통해서이다.[159]

수호믈린스키는 자주 자신의 글뿐만 아니라 학생들이 쓴 이야기와 시들을 그의 책에 함께 실었다. 처음에는 그가 지어낸 이야기에 대한 반응들이 대부분이었으나 곧 아이들은 친구들의 이야기에 자극을 받아 이야기를 지어냈다. 이것은 자연에 대한 관찰력과 감사하는 마음을 촉진했을 뿐만 아니라 선과 악에 대한 개념 형성을 도왔다. 그리고 희망과 공포에 대한 느낌을 표현하게 해주었다. 이야기 만들기는 아이들과 함께 이야기를 주고받는 방식으로 이루어졌다. 이것은 아이들의 사고과정을 관찰할 수 있는 좋은 기회였다.

동화는 아이들의 사고능력과 언어능력에 불을 붙이는 신선한 바람과 같다고 말할 수 있다. 아이들은 동화를 듣는 것을 좋아할 뿐만 아니라 스스로 창조해낸다. 포도 넝쿨 사이로 바라본 풍경에서 느낀 것이 있어 아이들에게 이야기를 들려주고 싶었다. 하지만 막상 어떤 이야기를 들려줘야 할지 떠오르지 않았다. 카티아가 한 말을 듣기 전까지는 말이다. "태양이 아주 작은 불꽃들을 뿜어내고 있어요." 이것은 어린아이가 떠올린 태양의 이미지이다. 참으로 신선하고 정확하며 예술적 감각이 돋보이는 표현이 아닐 수 없다. 아이의 언어는 참으로 화려하고 다채롭지 않은가?[160]

톨스토이도 야스나야 폴랴나 마을 아이들과 함께 쓴 이야기에서 이와 흡사한 소감을 밝힌 적이 있다.[161] 그는 아이들에게 글쓰기를 장려하는 최고의 방법은 그들과 함께 이야기를 짓고, 점차적으로 그 과정을 아이들에게 맡기는 것이라고 말했다. 아이들의 뛰어난 예술적 감각에 놀란 톨스토이는 자신의 감각은 물론 다른 유명

작가들의 감각보다 그들의 감각이 훨씬 뛰어나다고 생각했다. 그가 내린 결론은 아이들에게는 선천적으로 진실에 대한 감각, 미적 감각, 그리고 선의에 대한 감각이 있으나 나이가 들면서 사회화 속에 내재된 어른들의 기대감과 압박감에 시달리느라 이러한 선천적 감각들이 훼손된다는 것이었다.

《아이들에게 온 마음을》에는 아이들과 첫해를 보낸 아름다운 자연환경에 대한 묘사가 많이 등장한다. 수호믈린스키는 아이들을 수양버들이 있는 강가로 데려가 나무 옆에 함께 앉아서 노을을 바라보곤 했다. 협곡에서 '꿈의 장소'라고 부르던 동굴을 발견했으며, 해가 질 무렵 동굴에서 모닥불을 피우기도 했다. 그리고 넘실대는 불빛 아래에서 멋진 이야기들을 만들기도 했다. 또한 스키타이인들의 봉분에 올라 구릉으로 된 대초원 지대와 멀리 드네프르 강의 아름다운 경관을 바라보거나 숲속으로 긴 산책을 가기도 했다. 산책 후 상기된 얼굴로 집으로 돌아온 아이들은 엄청난 식욕을 보였고, 이러한 경험이 거듭될수록 아이들의 건강은 몰라보게 좋아졌다.

수호믈린스키는 어린 시절의 정서교육이 감각과 언어 발달에 큰 영향을 준다고 생각했다.

따뜻한 정서적 뿌리가 어린 시절로 거슬러 올라간다는 사실은 경험이 증명해준다. 또한 인간애, 친절, 애정, 선의가 노동과 보살핌 속에서, 그리고 주변 세계의 아름다움에 대한 관심 속에서 생겨난다는 사실도 경험이 증명해준다. 따뜻한 정서는 인간애가 농축된 것이다. 만약 어린 시절에 따뜻한 정서교육이 이루어지지 않는다면, 여러분은 결코 아이들을 교육할 수 없다. 왜냐하면 진정으로 인간다운 사람은 진실에 대한 자각을 통해 영혼의 기반을 구축하기 때문이다. 그들은 모국어의 가장 섬세한 느낌에서 비롯된 감각과 체험을 영혼의 발판으로 삼는다.[162]

마음교육의 매개물인 음악과 예술

아이들이 자연에 대한 아름다움을 깨닫는 일은 정서교육에 있어서 인간 감정의 토대를 이루는 필수적 단계였다. 그런데 아름다움은 자연과 언어에서만 발견되는 것이 아니었다. 음악과 미술 또한 마음을 교육하는 가치 있는 매개물이었다. 수호믈린스키는 음악에 대해 이렇게 말했다.

음악이 선사하는 소리의 아름다움은 한 사람을 도덕적이고 지적으로 교육하는, 즉 마음을 고귀하게 하고 영혼을 정화하는 중요한 수단이다. 음악은 자연과 도덕적 관계, 노동의 아름다움에 대해 눈을 뜨게 한다. 음악 덕분에 주변 세계뿐만 아니라 인간의 마음과 관련된 숭고하고 장엄하며 아름다운 것에 대한 의식이 깨어나는 것이다. 따라서 음악은 자기주도 학습의 강력한 수단이 된다.

어린 시절부터 성인이 될 때까지 같은 학생들을 수년간 관찰한 결과 나는 확신하게 되었다. 무절제하고 무질서한 영화와 라디오, 텔레비전 방송이 아이들의 예술교육을 돕는 것이 아니라 오히려 방해하고 있다는 사실을 말이다. 과도하게 혼란스러운 음악을 듣는 것은 특히 해롭다. 나는 학생들이 음악의 아름다움을 이해하고 느낄 수 있도록 주변 환경의 소리를 듣고 감상하는 일이 음악 작품 감상과 병행되어야 한다고 생각한다. 이를테면 들판과 목초지의 고요함, 떡갈나무의 부스럭거림, 푸른 하늘의 종달새 노랫소리, 밀알이 익어가는 속삭임, 벌들의 윙윙거림 같은 소리들을…. 이러한 자연의 음악은 선율을 창조할 때 영감의 원천이 된다.

예술교육에서, 특히 음악교육에 있어서 아이들을 아름다움의 세계와 친숙해지게 만들려는 교사의 심리학적 목표는 무척 중요하다. 나에게 있어 가장 중요한 목표는 아이들에게 아름다움을 정서적으로 내면화할 수 있는 능력을 가르치는 것이었다. 그리고 자연의 아름다움을 감상하고자 하는 목마름을 느끼게 하는 것이었다. 나는 전체 교육체계의 주요 목표를 학생들이 미적 세계 속에서 살아가게 하는 것으로 삼았다. 그래야만 아이들이 아름다움 없이는 살아가기 힘들다는 것을 깨닫게 되고, 세상의 아름다움이 아이들 내면에 자연스럽게 아름다움을 창조할 것이기 때문이다.[163]

음악교육에도 '자연으로 떠나는 소풍' 방법이 활용되었는데, 이것은 자연의 소리에 대한 감수성을 길러주기 위함이었다. 그리고 아이들에게 민요와 클래식 음악을 신중하게 선별하여 들려주었고, 간단한 전통 민속 피리를 만드는 법과 연주법도 가르쳤다.

수호믈린스키는 음악적 감수성을 계발함으로써 정서적 풍요를 얻을 수 있다고 생각했다. 그리고 이것은 다른 수단으로는 획득하기 어렵다고 보았다. 음악은 아이들이 다양한 감정을 느끼고, 인간의 본성과 자기 자신에 대한 이해력을 높이는 데 많은 도움을 주었다. 그가 자주 언급한 "음악교육은 음악가를 길러내는 교육이 아니다. 음악교육은 무엇보다 한 인간을 길러내기 위한 교육이다."라는 말도 바로 이러한 맥락에서 나온 것이었다.[164]

수호믈린스키는 아이들에게 과도한 음악적 이미지를 주입하는 것을 경계했다. 감수성이 무뎌질까 우려했기 때문이다. 그는 아이들에게 한 달에 두 곡 정도 엄선한 작품을 들려주었다. 그리고 늘 소풍을 떠올리게 했는데, 이것은 음악적 표현의 적절한 배경을 제공해주었다. 초가을에 목초지가 들꽃으로 덮이고 벌들이 활발히 활동할 때면 림스키코르사코프의 〈왕벌의 비행〉을 들려주었다. 가을 색채로 나무들이 물들고 거위들이 남쪽으로 이동할 때면 차이코프스키의 〈가을의 노래〉를 들려주었다. 아이들은 이 음악 작품들을 들으며 수많은 생각들을 떠올렸다. 그리고 마음속에 떠오른 생각들을 서로 공유한 뒤 한 번 더 음악을 감상하곤 했다.

그리그의 〈페르귄트〉 또는 차이코프스키의 〈바바야가〉 같은 작품들은 아이들의 창의적 글쓰기에 강렬한 영감을 주었다. 특히 몇 달 동안 실내에 갇혀 있어야 하는 겨울에 음악은 아이들에게 유용한 자극제였다. 아이들은 이러한 음악을 들으며 선과 악이 대립하는 이야기를 지어냈다. 봄이 되면 야외에서 많은 시간을 보내며 숲과 목초지의 소리를 듣도록 장려했다. 그중에서도 종달새가 비상하는 소리는 단연 최고였다. 자연의 소리를 들은 아이들은 각각의 소리에 어울리는 음악 작품들을 감상했다.

한번은 수호믈린스키가 딱총나무 숲으로 아이들을 데려가 전통 민속 피리를 만드는 법을 보여준 적이 있었다. 그 자리에서 만든 피리로 아이들을 위해 한 곡조를 연주하자 아이들은 자신만의 피리를 만들고 싶어 안달했다. 그리고 그들 중 몇 명은 피리 연주에 특별한 재능을 보였다. 재능 있는 아이들은 피리 연주법을 배우는 것은 물론 즉흥곡을 만드는 데까지 나아갔다. 심지어 특별한 음악적 재능이 없는 아이들조차 재능 있는 아이들이 뿜어내는 열정에 감화되었다.

수호믈린스키는 음악교육 자료를 늘리기 위해 무척이나 애를 썼다. 하지만 이것은 간단한 일이 아니었다. 시골학교에서 음반을 수집하고 악기를 구하는 일은 결코 쉽지 않은 일이었다. 학교에 처음 입학한 아이들이 3학년이 되었을 때, 비로소 바얀(아코디언의 일종인 러시아 전통 악기) 2대와 바이올린 3대를 학교에 마련할 수 있었다. 처음에는 9명의 학생들이 이 악기들을 배우기 시작했다. 그리고 이 아이들이 4학년을 마칠 무렵에는 31명의 학급생 중 19명이 자기 소유의 바이올린이나 바얀을 갖게 되었다.

때로 음악은 마음의 문을 여는 열쇠와 같았다. 물건을 훔친 죄로 감옥에 간힌 아버지를 둔 한 소년이 있었다. 가정 문제로 힘들어 하던 이 소년은 후일 재능 있는 음악가로 성장했다. 수호믈린스키가 이 소년과 잘 지낼 수 있었던 비결은 바로 음악에 있었다.

아이들은 성장하면서 우크라이나의 민속 음악과 고전, 현대 작곡가들의 노래들로 합창 연습을 했다. 이에 대해 수호믈린스키는 다음과 같이 말했다.

노래는 이 세계에 대한 시적인 영상을 떠올리게 한다. 학생들이 노래를 부르며 마음속 깊은 감정을 표출한 뒤, 다 함께 대초원 지대로 나갔던 순간을 나는 기억한다. 우리 앞에는 밀밭이 끝없이 펼쳐져 있었다. 지평선 위로 고대 봉분들은 푸르른 모습을 드러냈고, 노란 들판 사이를 가르는 도로는 가느다란 리본 같았다. 하늘에는 종달새가 노래하고 있었다. 아이들은 이러한 광경은 생전 처음 본다는 듯이 걸음을 멈추었다. "마치 곡식을 수확하는 농부를 노래하는 것 같아요!"라고 감수성이 풍부한 바리아가 말했다. 나는 그 순간 아이들의 영혼 속에 이 사랑스러운 노랫말들이 울려 퍼지고 있음을 느낄 수 있었다.[165]

노래는 아이들에게 자연의 아름다움과 언어의 섬세함 양쪽 모두의 감수성을 풍요롭게 했다. 수호믈린스키는 음악 감상과 도덕적 관념 사이에 어떠한 연결 고리가 있다고 생각했다. 그리고 이것은 교육자들의 주목을 끌 만한 가치가 있는 주장이었다.

감수성과 정서는 인간의 자질이다. 이것은 주변 환경이 감성적 소질을 왕성하게 한다는 사실에서 드러난다. 섬세하고 감성적인 기질을 가진 사람은 다른 사람이 겪는 슬픔이나 고통, 불행을 못 본 체하지 않는다. 자신의 양심에 따라 그 사람을 도와야 하기 때문이다. 이러한 자질은 음악과 노래를 통해 키울 수 있다.[166]

음악을 통해 계발할 수 있는 이러한 감수성은 누군가의 친절한 말 한마디 또는 진심 어린 조언에 대한 민감함으로 표현된다. 《시민의 탄생》에서 수호믈린스키는 거칠고 둔감한 경향이 있는 청소년들에게 음악 치료법을 권했다. 이에 대한 수호믈린스키의 지도 방식은 뚜렷한 계획 아래 이루어진 것은 아니었지만, 대체로 집단적 음악 감상의 형태를 띠었다. 음악 감상법을 배운 아이들이 청소년이 되어서 듣는 음악은 어린 시절의 감정을 되살리는, 즉 '감정 기억'을 자극한다. '감정 기억'이라는 개념은 수호믈린스키의 마음 교육에 대한 전반적인 접근 방식을 이해하는 데 상당히 중요한 개념이다. 그는 청소년 교육에 대해 다음과 같이 말한다.

우리는 감정 기억의 계발과 풍요로움 속에서 정서와 예술교육이 결합되어 있음을 발견했다. 우리 학생들은 어린 시절에 말문이 막힐 정도로 아름다운 장소를 몇 군데 찾아냈다. 이 장소들은 수양버들이 드리워진 연못가, 고요한 황혼 녘의 떡갈나무 숲, 오래된 벚나무가 있는 산골짜기, 라일락이 피는 정원이었다. 이곳들이 주는 아름다움은 아이들에게 경이로움을 불러일으켰다. 아이들은 눈을 동그랗게 뜨고 이 세계를 바라보았으며 아름다움을 감상하는 행복을 경험했다. 이러한 어린 시절의 기억들은 자연의 이미지와 연결되어 주변 세계에 눈을 뜨게 하고 미적 감수성을 길러주었다. 이 아이들은 청소년이 되어서도 자연의 아름다움을 알아봤다. 어린 시절에 그들이 발견했던 자연의 아름다움이 '감정 기억'에 깊은 인상을 남겼기 때문이다.

음악은 감정 기억을 풍부하게 하는 원천이다. 나는 어린 시절 들었던 음악 선율을 순수하고 숭고하며 고결한 감정, 그리고 가장 중요한 충동과 연결하려고 애썼다. 자연의 한복판에서 차이코프스키, 그리그, 베토벤, 바흐의 음악을 들으면서 아이들은 선과 악의 싸움을 상상했다. 그리고 아이들은 마음을 다해 선의 편, 아름다움의 편, 그리고 정의의 편에 섰다. 바로 그 순간, 아이들 안에서는 뭔가 선한 일을 하고 싶다는 충동이 일어났다. 음악이 주는 이 고귀한 효과는 청소년기까지 이어졌다.[167]

여기서 우리는 도덕교육에 있어서 이야기와 음악의 역할에 대한 간단한 설명을 발견한다. 모든 문화에는 아이들의 양육에 기여하는 전통적인 이야기와 노래가 존재한다. 그리고 모든 사회에서 이것들은 문화유산의 일부를 형성하며, 아이들의 도덕적 인식 발달에 기여한다. 플라톤은 어린아이에게 어떤 이야기를 들려주고 어떤 음악을 들려주는가는 사회의 건강성에 있어 굉장히 중요한 문제로 결코 사소하게 생각해서는 안 된다고 주장했다.[168]

오늘날 젊은이들의 문화적 경험을 전통적인 태도에 비추어 보는 것은 유익할지도 모른다. 산업화와 상업화가 진행되었던 지난 200년 사이에 사회는 비인간화되었고, 사회 구성원들은 자신들의 윤리적 의지에서 벗어나 방황하게 되었다. 동화 대신 컴퓨터 게임에 빠져 자라는 아이들의 '감정 기억'에는 어떤 느낌들이 저장되고 있을까? 어쩌면 도덕적 교훈이 담겨 있는 전통적인 이야기들로 컴퓨터 게임을 제작할 수도 있을 것이다. 하지만 이것은 게임 개발자에게 이솝과 안데르센이 동화를 쓰게 된 동일한 관심사로 동기부여가 되지 않는다면 불가능한 일이다.[169]

수호믈린스키는 학생들에게 들려준 모든 음악 작품을 말로 설명했다.

음악을 설명할 때면 아이들의 정서를 자극할 수 있는 어휘를 사용하려 노력했다. 영혼에 직접적으로 도달하는 언어는 음악적 감수성을 일깨우는 훌륭한 자극제가 된다. … 음악을 설명할 때에는 그 안에 시적인 어떤 것, 즉 음악에 가까운 어휘들을 포함해야 한다. 나는 이러한 시적인 자질을 학생들의 '감정 기억' 속에서 찾았다. 어휘들의 도움을 받아 나는 과거 기억을 일깨우는 그림을 그렸고, 감정 기억의 심연에서 건져 올린 이 어휘들은 음악에 반응하도록 감정을 조율했다.[170]

이와 관련해 수호믈린스키는 〈산이 우뚝 서 있네〉라는 우크라이나 민요를 아이들에게 소개한 일을 언급한다. 모든 생명체의 아름다움과 덧없음을 노래하고 있는 이 민요는 아이들이 가장 좋아하는 노래가 되었다.

나는 학생들에게 말했다. "태양이 내리쬐던 초가을 날을 기억하니? 우리가 강둑을 따라 걸으며 아름다운 장소를 발견했던 그날을? 조용한 강 후미의 물줄기는 거울같이 맑게 빛났고 오른쪽에는 수양버들 두 그루가 서 있었지. 오래된 한 나무는 속이 텅 빈 채로 죽어가고 있었고, 다른 나무는 어렸었지. 그 광경을 본 리디아가 '음악적'이라고 말했어. 우린 우울함과 기쁨이 뒤섞인 복잡한 감정을 느꼈지. 나무와 꽃은 언젠가는 죽지만 생명은 꺼지지 않아. 그리고 그 불멸의 왕관은 우리 인류의 것이지. 이 노래 <산이 우뚝 서 있네>는 우리가 그때 경험한, 바로 그 감정에 관한 것이란다."[171]

이 글은 수호믈린스키의 교육체계에서 모든 교육적 활동이 서로 연계되어 있는, 즉 '교육적 영향의 조화'를 보여준다. 특히 '자연으로 떠나는 소풍'에서 시작하여 언어와 음악으로 이어지는 과정은, 수호믈린스키가 아이들에게서 예술적 아름다움에 대한 진심 어린 반응을 이끌어내기 위해 사용한 방법이었다.

시각 예술 감상법을 가르칠 때도 이와 유사한 진행 과정에 따랐다. 아이들에게 처음 보여주는 그림은 대부분 자연의 풍경을 묘사한 작품들이었다. 이를테면 시스킨의 〈호밀〉, 사브라소프의 〈까마귀 떼가 왔다〉, 레비탄의 〈황금빛 가을〉과 〈자작나무 숲〉, 유온의 〈러시아의 겨울〉, 플라스토프의 〈첫눈〉이 그렇다. 아이들은 이러한 작품들을 시작으로 역사적, 애국적 주제를 표현한 그림들을 감상했고, 나중에는 거장들의 그림까지 소화했다. 레오나르도 다빈치의 〈최후의 만찬〉과 라파엘로의 〈시스티나 성모〉를 감상하면서 인간 묘사에 대한 심리학적 깊이를 탐색하였다.

초상화의 세심한 관찰은 문학 수업과도 연계되었다. 예를 들어 소설 《안나 카레니나》를 공부할 때면 크람스코이가 그린 톨스토이 초상화를 교실에 걸어 놓았다. 이 초상화는 톨스토이가 《안나 카레니나》를 쓰는 동안 그린 것이다. 수호믈린스키는 이 초상화가 학생들에게 교과서 밖에서 저자의 존재감을 인식하는 데 도움을 주었다고 말했다. 또한 소설 속 등장인물들의 대사가 작가의 생각을 어느 정도 반영하는지 가늠하는 데도 도움이 되었다고 주장했다.

아름다움을 창조하고 유지하기

    자연과 예술, 음악에 대한 미적 감각을 일깨워주는 일은 마음 교육에 있어 첫 단계일 뿐이다. 수호믈린스키는 아름다움에 대한 정서적 반응은 본질적으로 아름다움을 창조하고 유지하려는 행동이 뒤따라야 한다고 주장했다. 그리고 이것은 교사의 지시에 복종해서가 아니라 학생 자신의 자각과 욕구로부터 자연스럽게 일어나야 한다고 생각했다. 수호믈린스키는 아이들의 파괴적 행동을 허용하면서까지 아이들 스스로 인식의 변화가 일어나기를 기다렸다.

    이러한 그의 생각을 보여주는 일화가 있다. 하루는 6세 아이들을 데리고 학교 운동장 모퉁이로 갔다. 상급생들이 국화를 심어두었던 장소였다. 아이들은 가을 햇볕 아래에서 자기만의 색깔을 뽐

내는 수많은 꽃송이들이 만들어내는 장관을 보고 아주 기뻐했다. 몇몇 아이들이 꽃을 꺾기 시작했고 오래지 않아 국화꽃은 겨우 절반만 남았다. 이때 한 소녀가 꽃을 꺾어도 괜찮은지 질문했다. 수호플린스키는 일부러 아무런 말도 하지 않았다. 경험을 통해 아이들 스스로 무엇인가를 느끼길 바랐기 때문이다.

아이들이 꽃 몇 송이를 더 꺾자 그곳에는 더 이상 아름다움이 존재하지 않았다. 운동장 모퉁이의 빈터는 마치 부모를 잃은 듯 황량해 보였다. 아이들의 마음속에 순간 불타오른, 아름다움으로 충만하던 기쁨은 어디론가 사라지고 없었다. 아이들은 국화꽃을 들고 어쩔 줄 몰라 했다.[172]

이 순간이 바로 아이들의 관심을 자신들이 한 행동의 결과로 이끌 적절한 시간이었다. 다시 말해 운동장 한쪽에 있던 국화꽃밭은 모든 학생이 보고 즐길 수 있도록 다른 아이들이 고생해 심어놓은 것이라는 걸 알게 할 시간이었다. 그리고 아름다움의 파괴가 아닌 아름다움을 창조하는 가치에 집중할 시간이기도 했다.

수호플린스키는 아이들과 함께 겨울 서리가 내리기 전 국화를 온실에 옮겨 심을 계획을 세웠다. 그리고 아이들에게 한 송이의 꽃을 꺾기 위해서는 열 송이를 심어야 한다고 가르쳤다. 며칠 뒤 그들은 국화꽃이 피어 있는 운동장의 다른 꽃밭으로 갔다. 아이들에게 무엇이 적절한 행동인지 상기시킬 필요는 없었다. 이미 아이들의 마음속에 교훈이 새겨졌기 때문이었다.

아이들의 인성교육을 위해 수호믈린스키는 식물과 동물을 돌보는 일을 중점적으로 활용했다. 꽃과 과일나무, 포도밭을 가꾸는 일은 학생과 교직원 가릴 것 없이 학교의 모든 구성원이 열성적으로 해오던 활동이었다.

만약 아이가 자신의 손으로 병든 식물을 보살피고, 자신의 입김으로 온기를 전하며, 꽃을 위해 관심과 걱정, 고민에 빠져 살았다면 어떨까? 연약하고 무방비 상태인 새싹이 튼튼하고 강한 나무로 자라도록 자신의 온 마음을 쏟을 수 있는 아이는 친절하고, 진실하며, 다정한, 풍부한 감수성을 지닌 인간이 될 것이다.[173]

아이들을 제멋대로 하게 내버려두면, 무분별한 잔인성을 드러낼 때가 종종 있었다. 아이들과 야외에서 격식을 차리지 않고 보내는 시간은 수호믈린스키에게 아이들의 성향을 관찰하고, 적절하게 반응할 수 있는 기회를 제공해주었다. 하루는 아이들과 함께 산책을 하던 중에 우연히 상처 입은 종달새 한 마리와 마주친 일이 있었다. 종달새는 날개가 찢어져 날 수가 없는 상태였다. 그때 한 소년이 겁에 질린 새를 주워 들더니 꾹 눌렀다. 그러자 종달새는 애처로운 소리를 내며 울었다. 아이들은 깔깔대며 웃었다. 수호믈린스키는 종달새를 보고 동정심을 느끼는 아이가 있는지 확인하려고 아이들의 눈을 자세히 살폈다. 다섯 명의 아이들이 새의 고통을 보고 괴로워했고, 그중에 한 아이가 나서서 새를 보호했다.

수호믈린스키는 아이들에게 철새들의 삶에 대한 이야기를 들려주었다. 그는 넌지시 그 종달새는 아마 포식자의 발톱에서 탈출하느라 무리에서 뒤처진 새일지도 모른다고 말했다. 또한 봄에 들리는 종달새의 노랫소리가 얼마나 아름다운지 떠올리게 하며, 이렇게 혼자 남겨져 겨울을 견뎌야 하는 종달새의 운명을 상상해보라고 말했다. 그리고 살이 에이는 몹시 추운 겨울과 관련된 저마다의 경험담을 아이들로부터 이끌어냈다.

심한 서리가 내려 손가락이 뻣뻣해지고 무감각해지며, 매서운 바람이 불어 숨이 막힐 때 그것이 얼마나 고통스러운지 모르는 사람이 있니? 이러한 상황에서는 다들 집으로 달려가 따뜻한 난로 앞에 앉아 꽁꽁 언 몸을 녹이겠지. 하지만 이 새는 어디로 가지? 누가 보호해줄까? 아마 꽁꽁 얼어붙어 작은 공처럼 되겠지.[174]

이것은 수호믈린스키가 강조한 '말을 활용한 교육'의 사례이다. 그는 진심 어린 말이야말로 교사가 사용할 수 있는 가장 섬세한 도구라고 생각했다. 그의 저서에는 신중하게 선택한 말을 통해 어떻게 아이들의 마음을 움직였는지 구체적인 사례들이 실려 있다.

만약 아이가 자신의 손으로 병든 식물을 보살피고,
자신의 입김으로 온기를 전하며,
꽃을 위해 관심과 걱정, 고민에 빠져 살았다면 어떨까?

연약하고 무방비 상태인 새싹이 튼튼하고 강한 나무로 자라도록
자신의 온 마음을 쏟을 수 있는 아이는

친절하고, 진실하며, 다정한,
풍부한 감수성을 지닌 인간이 될 것이다.

이러한 방법을 쓰자 아이들은 즉각적인 반응을 보였다. 학교에 종달새를 돌볼 만한 장소를 마련하고, 이어서 다친 새와 아픈 동물을 위한 '병원'을 운영했다. 그리고 마침내 모든 학생이 이 활동에 열성적으로 참여하기 시작했다. 일례로 덫을 놓아 새를 잡고 괴롭히던 한 소년은 자신의 사냥 지식을 색다르게 사용하게 되었다. 그 소년은 상처 입은 딱따구리가 '병원'에 왔을 때, 딱따구리가 무엇을 먹고, 어디에서 먹이를 구할 수 있는지 알고 있는 유일한 사람이었다. 물론 처음에는 자신의 뛰어난 지식을 아이들에게 자랑하려고 딱따구리의 먹이를 찾는 일에 동참했다. 그러나 다친 생명체를 돌본 경험이 쌓이게 되자 새롭고도 강렬한 감정이 소년의 마음속에서 일어났다. 소년은 더 이상 이전처럼 새들을 사냥하고 괴롭힐 수 없었다. 이렇게 동물들을 보살핀 경험은 사람을 돌보는 데 필요한 자질을 계발하는 데 많은 도움이 되었다.

관계를 형성하고 강화하기

수호믈린스키는 가족들을 기쁘게 하는 방법들을 가르치는 데 특히 많은 관심을 기울였다. 그뿐만 아니라 어린아이들의 교육에 학부모들과 가족 구성원들의 지원을 이끌어내기 위해 애썼다.

가깝고 소중한 사람에 대한 애정이 마음속에 형성되어 있지 않다면 인정이란 것을 가르치기는 불가능하다. 말로 애정을 표현한다고 해서 사랑이 생겨나는 게 아니다. 따뜻함과 진실함, 공감능력을 가르치는 진정한 학교는 가정이다. 어머니, 아버지, 할머니, 형제자매와의 관계는 인간애의 진정한 시험대이다.[175]

수호믈린스키는 학교가 항상 학생과 가족 구성원들 간의 관계를 향상시키기 위해 노력해야 한다고 생각했다. 그는 교사의 불만족스러운 의견과 함께 학부모에게 '조치를 취해 달라'는 요구가 적힌 가정통신문을 학생이 집으로 가져가는 일 자체를 매우 끔찍하게 여겼다.[176] 《진정한 인간 교육법》에서 그는 다음과 같이 말했다.

우리는 학부모들을 학교에 자주 초청한다. 어머니의 날과 아버지의 날, 책의 날, 창의적 노동의 날에 초대한다. 이런 날 학부모들은 학교에 와서 자녀들의 지성과 능력, 재능을 목격한다. 이것은 우리의 의도이기도 하다. 학부모들은 자녀들의 지적 성과를 보며, 그들의 발전된 모습이 자신들에게 기쁨을 안겨주기를 은근히 기대한다. 이러한 희망은 그날 실현되지 못할 때도 있다. 하지만 단 한 명의 어머니와 아버지도 자신들의 희망이 실현되지 않을 거라고는 생각하지 않는다. 그리고 그러한 희망 없이 아이들을 올바르게 교육한다는 건 상상할 수도 없는 일이다.

대다수의 학교에서 학생들이 가족에게 기쁨, 행복, 평화를 가져다주려는 바람이 무시된다는 사실이 나로서는 도저히 이해할 수 없으며, 이상하고 놀라울 따름이다. 이 바람은 학생들이 공부를 잘하도록 동기를 부여하고 선량한 사람이 되도록 하는 가장 중요한 자극제이며, 학교와 가정을 묶어주는 가장 섬세하면서도 강력한 끈이다. 만약 이러한 끈이 없거나 끊어지기라도 한다면 부모교육은 위선적인 말에 불과할 것이다. 그리고 학교가 가정에 도움을 요청한다 해도, 아무런 보탬이 되지 못할 것이다. 학교와 가정의 협력은 오직 가족을 기쁘게 해주려고 자녀가 애쓰거나 실제로 기쁨을 가져다줄 때만 가능하다.

나는 자녀들이 집안에 기쁨과 평화를 안겨 주어 어머니와 아버지 사이에 생겼던 깊은 균열이 사라진 가정들을 많이 알고 있다. 인간 정신의 본질은 아버지와 어머니가 자녀의 행복을 자신들의 공동 창조물로 본다는 것이다. 그리고 행복이 클수록 부부간의 이러한 심리적 화합은 강화되며, 어머니와 아버지는 서로에게 더욱더 헌신한다. 가정의 결속을 다지는 데 있어 학교의 역할은 매우 미묘하고 민감하다. 또한 아이는 학교에서 집으로 기쁨을 가져가야만 한다. 이 주장에 대한 반대 의견에는 결코 동의할 수 없다.

학습에 어려움을 겪는 아이를 봤을 때, 여러분은 어떻게 할 것인가? 이 아이의 기쁨은 어디서 오는 것인가? 단 한 명의 학생도 '나는 실패자야', '난 아무것도 못 해', '나에게 좋은 일은 없을 거야' 같은 기분이나 경험을 갖게 해서는 안 된다. 만약 이러한 부정적인 생각이 아이의 머릿속을 채운다면 그 아이는 더 이상 여러분에게 배울 수 없다. 그리고 아이의 가족, 어머니와 아버지 역시 여러분의 교육적 영향에서 멀어진다.

교육자의 인간적인 소명은 가장 취약한 학생이라도 성공의 기쁨을 경험하도록 하는 데 있다. 그렇게 해야만 학생이 여러분에게 교육받고, 학생의 작은 기쁨은 가족 안에서 어머니와 아버지의 심리 적 화합을 강화하는 강력한 정신적 힘으로 작용한다.[177]

앞서 소개했던 국화꽃 사건에 이어지는 이야기가 있다. 그리고 이것은 수호믈린스키가 학교활동을 통해 가족관계를 강화하기 위해 시도한 모범 사례이다. 가을이 되자 아이들은 온실에 국화를 옮겨 심었다. 국화에 매일 물을 주며, 첫 꽃이 피기를 초조하게 기다렸다. 아름답게 피는 꽃을 감상하는 것으로 아이들은 그간의 노력을 보상받았다.

수호믈린스키는 아이들에게 손님을 초대해 아름답게 핀 국화꽃을 함께 즐기도록 제안했다. 초대받은 손님의 대부분은 그들의 남동생과 여동생들이었다. 그리고 수호믈린스키는 세계 여성의 날인 3월 8일, 어머니에게 국화 한 송이를 선물할 수 있도록 충분한 양의 꽃을 기르게 했다. 어머니들은 때에 맞춰 학교에 초대받아 꽃 선물을 받았다. 이러한 활동을 통해 양부모나 보호자와의 관계가 개선된 일도 있었다.

한편 수호믈린스키는 학생들의 건강 증진 대책을 부모들과 직접 논의했다. 건강 문제가 초등교육에 있어서 가장 중요한 사안이라고 생각했기 때문이다.

나는 건강 문제에 있어서만큼은 계속 반복하기를 두려워하지 않는다. 왜냐하면 건강에 대한 지속적인 관심은 교육자의 가장 중요한 임무이기 때문이다. 아이들의 정신생활과 그들의 미래, 지적 발달, 지식의 견고함, 자존감 등은 모두 그들 삶 속의 기쁨과 에너지에 영향을 받는다. 만약 아이들이 입학한 후 4년간 내가 기울이는 관심과 노력을 수치화할 수 있다면, 아마 건강과 관련된 부분이 절반을 차지할 것이다.

하지만 아이들의 건강을 돌보려면 부모와의 지속적인 소통 없이는 불가능하다. 학부모와 나누는 대화의 상당 부분은, 특히 첫 2년간의 대화는 자녀들의 건강에 관한 이야기들이다.[178]

수호믈린스키가 아이들의 건강 문제와 관련해 학부모들에게 권장한 사항은 다음과 같다. 바깥에서 가능한 한 많은 시간 보내기, 일찍 자고 일찍 일어나기, 침실을 자주 환기하기, 날씨가 따뜻한 계절에 야외에서 잠자기 등이다. 또한 그는 부모들에게 아이들이 집 밖에서 책을 읽거나 그림을 그리고, 놀이를 할 수 있는 정자를 만들 것을 제안했다. 때때로 상급생들이 정자를 짓는 것을 도와주기도 했다. 아이들은 매일 아침 같은 시간에 일어나서 운동을 했고, 계절에 따라 운동 뒤에 수영과 샤워, 씻는 습관도 생겼다.

수호믈린스키는 식단에도 많은 관심을 보였다. 아침 식사를 거르지 않고 잘 챙겨 먹어야 하는 것은 물론 미네랄과 비타민의 충분한 섭취를 강조했다. 그는 조사를 통해 25퍼센트의 학생들이 아침을 거른 채로 등교하며, 필요한 영양소를 채우는 균형 잡힌 아침 식사를 하는 학생은 겨우 22퍼센트에 불과하다는 사실을 알았다.[179] 이러한 이유에서 그는 학부모들에게 겨울에 먹을 과일을 저장하도록 요청했다. 또한 학교에서 많은 벌통을 관리하며 집에서 양봉을 시작하고 싶어 하는 학부모들에게 도움을 주었다.[180]

　매달 두 번 진행되었던 학부모 교육강좌는 학교와 가정의 결속력을 강화시켰으며, 학부모와 교사들의 협력을 촉진했다. 수호믈린스키는 아이들의 건강과 개인 성장에 중점을 두고 강연과 토론, 매체 기사들을 통해 보다 강력한 가족관계를 형성하기 위한 노력을 계속해나갔다.

　이러한 수호믈린스키의 방식이 가정에 대한 지나친 개입처럼 보일 수도 있다. 하지만 수호믈린스키의 방식을 평가하기 전에 먼저 그가 일했던 당시의 사회적, 문화적 상황을 고려할 필요가 있다. 수호믈린스키가 근무했던 곳은 시골학교로, 대부분의 교사들은 오랫동안 근무한 사람들이었다. 많은 수의 학부모들, 심지어는 그들의 조부모들을 가르쳤던 교사들이 여전히 근무하고 있었으며, 교사들 못지않게 전통적인 가정의 가치는 널리 존중받았다. 그리고 이 모든 요소는 수호믈린스키의 권위를 세우는 데 기여하였다.

　가족관계는 아이들의 인성을 위한 일상적인 시험대로 정서적 발달에 있어서 가장 중요하다. 그리고 다른 사람과의 관계 또한 상당히 중요하다고 할 수 있다. 수호믈린스키는 타인의 고통에 대한 아이들의 감수성과 공감능력을 발달시키는 데 많은 관심을 가졌다. 이러한 관심은 그가 늘 자신의 학생들이 도움을 줄 수 있는 사람을 찾고 있는 것처럼 보였다.

수호믈린스키의 주요 저서 몇 곳에서 상실로 고통받는 노인 또는 아픈 아이가 그의 학생들과 만난 이야기를 찾아볼 수 있다. 이러한 관계는 양쪽 모두에게 이로울 때가 많았다. 이미 꽃에 대한 자신의 지식과 사랑을 전해준 나이 든 의사와 학생들 사이의 우정에 대해 이야기한 적이 있다. 이외에도 의지할 가족 하나 없던 양봉하는 노인, 전쟁으로 가족을 모두 잃은 미망인, 질병으로 장기간 누워 지낸 어린 소년과의 교류도 있었다. 이러한 만남들은 모두 몇 년간 지속되었고, 이를 통해 학생들은 공감능력과 세심함 같은 자질들을 발전시킬 수 있었다. 장기간 누워 지낸 어린 소년의 경우 학생들의 관심과 실질적인 도움은 소년이 회복하는 데 크게 기여했다. 이를 통해 학생들은 개인적인 기쁨을 경험할 수 있었다.

수호믈린스키는 타인에 대한 감수성을 교육하기에 가장 좋은 시기를 초등학생 때로 보았다.[181] 그는 나이 어린 학생들이 마음으로부터 고통에 반응하는 것은 자연스러운 현상이라고 말했다. 그리고 이러한 아이들의 반응은 성숙한 교사의 관점에서 정교하게 다듬어질 필요가 있었다.

아이들은 앞서 설명한 특별한 관계뿐만 아니라 학급 또는 '집단' 내에서도 우정을 쌓았다. 여기서도 수호믈린스키는 아이들이 서로에게, 특히 서로의 고통에 대해 민감하게 반응하도록 애썼다. 고통을 멀리에서 찾을 필요는 없었다. 수호믈린스키가 맡은 학급의 몇몇 아이들은 이미 깊은 슬픔을 겪고 있었다. 심각한 질병, 죽음, 아버지의 투옥 등등. 그는 각각의 슬픔에 대해 나머지 학급 학생들이 섬세하고 사려 깊은 방법을 찾을 수 있게 도왔다.

이를테면 병든 부모를 둔 아이의 경우 집안일을 도와주는 게 가장 실용적이면서도 적절한 반응일 것이다. 또 다른 경우는 고통의 원인은 전혀 언급하지 않은 채 아이의 변덕스러운 기분 변화나 행동을 너그럽게 받아줄 수도 있다. 아니면 즐겁거나 흥미로운 활동을 함께하며 아이의 기분을 전환시켜주는 방법도 있다.

이 모든 상황에서 수호믈린스키는 어떤 형태로든 보상이나 처벌을 사용하지 않으려고 노력했다. 이것은 그가 칭찬을 받기 위해 아이들이 도덕적으로 행동하는 것을 원치 않아서이기도 하고, 도덕적 행동이 학생들에게 주는 심적 보상 때문이기도 했다. 수호믈린스키는 집단 내에서 개인을 우선시했으며, 그리고 개인의 마음과 의식을 우선시했다. 그는 오랜 고민과 경험 많은 다른 교사들과의 토론을 통해 다음과 같은 견해를 갖게 되었다.

집단교육의 힘은 집단이 학생 개개인을 발전시킬 때, 집단이 학생 각자의 자존감과 자기 존중을 보장할 때 생긴다. 결국 진정한 부성애와 모성애의 본질은 아들이나 딸이, 그들 자신이 존중받는다고 느끼고 선량한 사람이 되고 싶다는 충동을 경험하는 것이다.

집단 내 관계의 진실함과 따뜻함은 나의 지속적인 관심 주제가 되었다. 학생 집단의 다양한 생활은 공동 목표와 공동 노동으로 뭉쳐진, 같은 생각을 가진 사람들의 연합 형태로 보였다. 그뿐만 아니라 서로에 대한 상호 연민의 표현, 타인의 기쁨과 슬픔을 마음으로 경험하는 내적 능력의 표현으로 보이기 시작했다. 선해지려는 충동과 같은 고귀한 표현은 바로 이 집단 내 관계의 진실함과 따뜻함 속에서 찾을 수 있다. 이는 보여주기 위해서도 아니고, 칭찬받기 위해서도 아니다. 자기 자신의 가치를 느끼려는 자연스러운 욕구에서 밖으로 표현되는 것이다.

그 이후로 나의 교육적 활동은 모두 어린이, 청소년, 청년의 인간적 가치를 높이기 위한 수년간의 관심이었다.[182]

앞서 설명한 전인교육의 모든 접근 방식은 아이들의 자존감과 가치 의식을 높이는 것을 목표로 했다. 그러나 자존감 향상에 있어 가장 중요한 것은 아이가 스스로를 자비로운 사람, 즉 타인에게 기쁨을 주는 존재로 인식하는 것이었다.

집단교육에 대한 생각

집단교육에 있어 수호믈린스키의 견해는 당시 소련 사회가 수용했던 기준과 뚜렷한 차이가 있었다. 특히 마카렌코의 이론에서 비롯된 관례와 동떨어진 부분이 많았다. 예를 들어 마카렌코의 이론에서는 집단이 징벌 역할에 협조하는 것은 흔한 관례였다. 그렇기 때문에 학생이 급우들로부터 공개적으로 질책을 받는 광경은 비일비재했다. 그러나 수호믈린스키는 이러한 관례를 혐오했으며, 어떤 상황에서도 이는 정당화될 수 없다고 생각했다.

수호믈린스키는 자신이 하는 일에 영감을 불어넣어 준 마카렌코의 정신을 크게 칭송했지만, 몇 가지 측면에서는 그와 상반된 견해를 보였다. 1967년 수호믈스키는 마카렌코의 사상을 통렬하게 비판하는 글을 쓴 적이 있었다. 그 당시 이 글은 기사화되지 못했다가 개방 정책 시대가 절정에 달한 1989년에야 비로소 신문에 실렸다. 수호믈린스키는 이 글에서 마카렌코의 교육적 관점이 지나치게 사회정치적 개념에 영향을 받았다고 주장했다. 즉 개인은 오직 사회적 환경 또는 '집단적' 환경 안에서만 발전할 수 있다는 마카렌코의 주장을 비판한 것이다.

집단의 기능을 사회정치적 영역에서 교육적 영역으로 그대로 옮기는 것은 집단을 개인보다 우위에서 군림하는 위협적 무기로 바꾼 것이나 다름없다. 이는 개인이 자신을 기계 속에서 돌아가는 톱니바퀴 중 하나로 인식하게 할 뿐이다. 마카렌코는 개인과 집단이 충돌하는 경우 "마지막까지 집단의 이익을 따라야 하며, 심지어 무자비한 최후가 보일지라도 그렇게 해야 한다. 오직 그렇게 할 때 집단과 개인의 교육이 진정으로 이루어질 수 있다."고 주장했다. 이러한 주장이 어린아이들의 집단교육에 적용될 때 발생하는 위험 요소는 한두 가지가 아니다. 그뿐만 아니라 그 핵심적 본질이 잘못 인식되고 있는데, 바로 비교육적이라는 점이다. 이 주장은 개인의 의지를 꺾는, 즉 학생들을 무기력하게 만드는 경향이 있다. 경험 많은 교육자들은 마카렌코의 이러한 견해에 결코 동의하지 않는다. 무자비한 최후는 개인과 집단 사이의 충돌을 해결하는 수단이 될 수 없다. 우리는 오히려 영혼의 미세한 움직임까지도 알아

차리고, 무자비한 결과를 낳지 않고 갈등을 잠재울 수 있는 교육
자들의 능력에 주목해야 한다. 그들은 지성과 지혜, 재치로 무장한
채로 개인 내면의 영적 세계로 접근한다.

하지만 마카렌코의 이론은 이것을 허용하지 않는다. 그는 단호하
게 일대일 교육에 반대했다. 근본적으로 교육자의 역할을 과소평
가한 것이다.[183]

수호믈린스키는 마카렌코의 이론이 교조적 지위에 오르면서
소련 교육 전체에 치명적인 결과를 초래했다고 밝혔다.

마카렌코의 관점에서 집단의 교육적 기능은 다음과 같다. "집단은
조직체, 권위자, 책임, 구성원 간의 인간관계, 상호의존성 같은 요
소들을 가지고 있다. 만약 이런 요소들이 없다면 그것은 집단이 아
니다. 단순히 군중이나 폭도라고 할 수 있다." 마카렌코는 집단을
교육하는 힘의 주요 원천은 의존, 복종, 지시와 같은 집단의 특징
들에 있다고 생각했다. 조직 체계에 대한 의존, 지시와 복종 능력
에 대한 의존, 집단의 원동력으로서 가장 활동적인 구성원들의 결
정적 역할에 대한 의존은 마카렌코의 이론을 연구한 평론가들로
인해 점차 비대해졌다.

지시하고 복종하는 능력은 그들 사이에서 목적으로 인식되었고,
실제로도 그러했다. 그리고 그것은 끔직한 결과로 이어졌다. 한쪽

은 빈말뿐인 선동자들이 생겨난 반면에 반대쪽에는 얼굴 없는 '군중들'이 생겨난 것이다. 즉 집단은 둘로 갈라져 몇몇은 계속해서 지도자가 되었고, 나머지는 단지 따르는 사람들이 되었다.[184]

수호믈린스키는 마카렌코의 견해를 완전히 뒤집었다. 교육적 관점에서 개인을 목적으로, 집단을 수단으로 본 것이다. 학교에는 많은 집단들(혹은 단체들)이 있었고, 그중에서 교육적으로 가장 중요한 것은 공통된 관심사를 기반으로 한 집단이었다. 하지만 이 가운데 어떤 집단도 그 자체로 목적이 될 수 없었다.

집단 자체가 교육의 목적이 되면 교육은 퇴화할 것이다. 교육의 목표는 인간, 즉 전인적으로 발달된 인격을 만드는 데 있다. 집단은 교육의 수단일 뿐이다. 한 학생은 여러 집단에 적극적으로 참여한다. 그리고 이 가운데에는 틀림없이 학생의 활동이 꽃피는 집단이 존재한다. 그곳에서 그는 나이에 비해 높은 수준의 창조성을 발휘할 것이다.[185]

집단은 개인의 교육이 이루어지는 유일한 수단도 아니었다.

마카렌코는 "소련에서는 집단 밖에서 어떠한 인격도 있을 수 없다. 따라서 집단의 운명과 행복에 반하는 개인의 운명이나 행복은 있

을 수 없다."고 단정적으로 말했다. 이 주장에서 나는 '집단의 행복'
은 물론 집단생활과 개인생활 사이의 대립에 내포된 의문스러운
추상성에 놀라곤 한다. 인격이 오로지 집단 속에서만 형성되고, 집
단 밖에서는 어떤 인격도 있을 수 없다는 주장은 현실에 역행하는
것이다. 집단의 정신생활과 개인의 정신생활은 상호관계를 맺으며
형성된다. 집단은 개인에게 엄청난 영향력을 발휘하지만, 그 안에
풍요롭고 다채로운 개인의 정신적 삶이 배제된 집단은 없다.

'집단의 행복'이란 무엇인가? 집단 내 각 개인이 행복하지 않다면,
집단의 행복은 생각조차 할 수 없다. 개인의 행복은 무척 복잡하며
집단 속에서만 만들어지는 것도 아니다. 행복의 구성 요소에는 개
인 세계의 풍요, 개인적이고 정신적인 삶의 충만함, 능력과 재능의
발견과 개화, 직업과 창조적 노동에서의 성공, 인간애와 사랑과 우
정에 대한 확고하면서도 끝없는 욕구 충족 등이 있다. 만약 이러한
것들이 존재하지 않는다면 집단의 행복 또한 있을 수 없다.[186]

수호믈린스키는 집단적 힘에 대한 마카렌코의 믿음에 동조했
다. 그 안에는 개인에게 자양분을 주고 열정을 불어넣으며 개인의
사기를 높여주는 엄청난 교육적 힘이 내재되어 있었다. 그러나 그
러한 힘은 집단 내 개인에 대한 예비교육이 성공했을 때 비로소 생
겨난다. 이것은 초등학교 교사들의 책임이었다.

학생들의 정신적 삶에 있어서 가장 중요한 시기가 있다. 배움을 시작하는 1, 2학년 때로, 아직 집단이 형성되지 않은 시기이다. 이제 막 집단이 만들어지는 중으로, 이때 각 인격에 교사의 영향력이 직접적으로 발휘되며, 매우 중요한 역할을 한다. 집단을 만드는 이 기간 동안 반드시 교사는 타인의 정신세계에 대한 진심 어린 감수성 교육에 최우선으로 집중해야 한다. 이러한 교육방식은 점차 개인에 대한 집단 감수성, 즉 '사람들 앞에서 남의 치부를 드러내는 행동'에 대한 무관용 정신을 싹트게 한다. 나는 경험을 통해 주변 사람들에 대한 진심 어린 감수성 교육을 하려면, 6세에서 8세 사이의 연령대 아이들과 개별적으로 나누는 대화가 굉장히 중요하다는 것을 확신했다.

어린아이들에게 주변 사람들의 눈빛과 말투로부터 슬픔과 기쁨, 실망과 걱정, 불안과 혼란을 알아차리도록 가르치는 것은 무척 중요한 일이다. 교사들이 이 중대한 임무를 수행하지 않는다면 아이는 무감각한 얼간이로 성장할지도 모른다. 30명의 그런 얼간이를 한데 모은다면 '집단'이 만들어지겠지만, 이것은 과연 무엇을 위한 집단이란 말인가? 그것은 맹목적이고, 영혼이 없는 세력이며, 개인을 짓밟기 위해 준비하는 집단이다. 불행히도 그러한 집단은 우리 사회의 여러 학교에도 존재한다. 이 집단은 심각한 무관심, 비정함, 둔감한 정서, 위선과 민중 선동에 기름진 토양을 제공한다.[187]

수호믈린스키가 강조한 개별적 정신교육은 교사 개인의 역할을 가장 중요하게 만들었다. 오로지 지성은 지성에 의해, 느낌은 느낌에 의해, 의지는 의지를 통해, 의식은 의식을 통해서만 교육될 수 있었다. 만약 교사가 학생들의 감수성을 일깨우고자 한다면, 교사 스스로가 학생 개개인에 대해 민감해야 했다.

> 나는 진정한 교육자가 되기 위해 필요한 정신적 자질이 분명히 있으며, 그중에서도 아이의 내면세계 속으로 들어가는 능력이 가장 중요하다고 생각한다.[188]

교사와 학생 관계의 성격을 결정짓고, 개별적이고 집단적인 학생들을 교육하는 수단을 정하는 기준은 각 학생의 내면세계에 대한 교사의 인식능력에 달려 있다. 이러한 인식과 이를 바탕으로 형성된 친밀감이 없다면 교사들은 학생들과의 관계가 노골적인 적대감으로 변질되는 것을 발견하게 된다. 이러한 이유로 수호믈린스키는 교사들이 교실 밖에서 학생들과 함께하는 시간이 매우 중요하다고 생각했다. 학교에 많은 동아리를 만들고, 특별활동을 강조한 이유도 여기에 있었다. 파블리시 학교에서는 교사들의 인격, 즉 교사들의 정서적 성숙도가 인성교육 전 과정에 핵심적인 역할을 했다.

인성교육에 대한 성찰은 결국 이러한 중추적 문제로 되돌아와야 한다. 교사들은 자신의 행동이 아닌 존재 자체, 즉 자신의 인격을 통해 마음을 교육한다. 학생들을 규율에 순응하도록 강제할 수 있다. 하지만 이것은 인성교육이 아니다. 진정으로 학생들을 교육하고자 한다면, 교사들은 학생들의 존경을 받아야 한다. 그리고 내재된 개인적 성장에 대한 충동을 일깨워야 한다. 요컨대 학생들은 교사들에게 마음이 끌리고, 교사들 내면에서 본받을 만한 가치가 있는 자질을 발견할 수 있어야 한다.

수호믈린스키의 수업방식은 그의 인격과 관련이 깊다. 그리고 그가 전 생애에 걸쳐 발전시킨 다양한 개인적 자질과 예술적 재능에 의존했다.

파블리시 학교 교사들은 저마다 특정한 재능과 기술, 관심사를 가지고 있었고, 이것들은 그들이 사용할 교육방법들을 결정지었다. 그들은 모든 것을 공유했다. 이것은 각각의 아이를 이해하고, 최선을 다해 교육하려는 시도였다. 인성교육에 대해 한 초등학교 교사는 이렇게 말했다.

친절과 감수성, 인간성을 가르칠 수 있는 특별한 기술이나 방법은 없다. 다만 아이들을 독립적인 존재로 바라봐야 한다. 아이에게 나쁜 일이 생기면 어머니의 가슴은 미어진다. 어머니의 심정으로 아이를 생각하면 된다. 이러한 생각만으로도 친절함은 배어나온다. 아이가 친절을 느꼈다면, 친구들과 형제, 그리고 부모님에게도 친절을 베풀 것이다. [189]

친절과 감수성, 인간성을 가르칠 수 있는
특별한 기술이나 방법은 없다.
다만 아이들을 독립적인 존재로 바라봐야 한다.

아이에게 나쁜 일이 생기면 어머니의 가슴은 미어진다.
어머니의 심정으로 아이를 생각하면 된다.
이러한 생각만으로도 친절함은 배어나온다.

아이가 친절을 느꼈다면, 친구들과 형제,
그리고 부모님에게도 친절을 베풀 것이다.

수호믈린스키는 교사가 자신의 학생들을 사랑하는 일이 얼마나 중요한지에 대해 《어린이를 사랑하는 법》에서 다음과 같이 설명한다.

우리들의 직업에서 아이들을 향한 사랑은 타인의 내면세계에 영향을 줄 수 있는 강력한 힘으로, 이는 교육자의 피와 살이다. 아이들을 사랑하지 않는 교사는 마치 목소리 없는 가수, 듣지 못하는 음악가, 색채 감각이 없는 화가와 같다.

사랑 없이는 아이들을 이해할 수 없다. 과거의 뛰어난 교육자들은 모두 아이들을 사랑했기 때문에 교육문화와 인류를 위한 성화 봉송자가 되었다. 코메니우스, 페스탈로치, 우신스키, 디스테르베크, 루소, 톨스토이, 크룹스카야, 샤츠키, 마카렌코, 코르착과 같은 이름들은 사려 깊은 인간 사랑의 영원한 불꽃으로 우리를 위해 항상 빛날 것이다.[190]

그러나 수호믈린스키는 이러한 교육자들의 이상이 수많은 교사들이 경험하는 현실과는 심하게 동떨어져 있다는 사실 또한 알고 있었다.

제가 아이들을 사랑하지 않으면 어떡하죠? 아이들이 피우는 소란 때문에 두통이 생기면 어쩌죠? 아이들이 보이지 않고, 아이들의 소리가 들리지 않을 때만 기분이 좋아지면 어떡하죠?[191]

　그는 이러한 고민을 하는 교사에게는 두 가지 선택이 있다고 보았다. 하나는 새로운 직업을 구하는 것, 또 다른 하나는 스스로 재교육을 하는 것이었다. 수호믈린스키는 사랑의 심리학적 한 측면은 각 아이의 독특한 자질을 인식하는 것이라고 말한다.

　학교 입학을 일 년 앞둔 여섯 살짜리 아이들이 내게 교육을 받기 시작했을 때, 나는 아이들이 세상을 인식하는 방식에 충격을 받았다. 나는 아이들의 검은색, 깊은 파란색, 밝은 파란색, 회색 눈을 들여다봤다. 그러면 아이들이 세상을 향한 자신만의 작은 창문을 열어 하늘과 땅, 태양과 달, 그리고 꽃과 새를 바라보고 있는 것 같이 느껴진다. 아이들의 창문은 저마다 개성이 있으며 독특하다. 한 아이는 자연의 음악을 통해 세상을 이해한다. 이 아이는 집중해서 새의 노랫소리와 호박벌의 윙윙거리는 소리, 풀잎의 속삭임과 나뭇잎들이 바스락대는 소리에 귀를 기울인다. 또 다른 아이는 색과 색조를 통해 세상을 탐색한다. 어떤 아이는 한 덩어리로 현상을 경험하고, 또 어떤 아이는 세부적인 것에 집중한다.
　아이들이 세상을 인식하는 데 있어 이러한 미묘함을 발견할수록 교사는 아이들 한 명 한 명을 더욱 사랑하게 된다.[192]

쉽게 사랑받는 아이들이 있는가 하면 그렇지 않은 아이들도 있다. 수호믈린스키는 대하기 까다로운 아이들을 사랑하는 방법에도 적지 않은 관심을 기울였다. 그는 이 아이들을 '까다로운 운명에 처한 어린이들'이라고 부르기를 좋아했다. 이것은 모든 아이에게는 선량함이 내재되어 있다는 믿음과 이러한 선량함을 가리는 사악함을 극복하려는 의식적 노력에서 비롯한 것으로 보인다.

나의 교육 업무에는 규칙이 있다. 아무리 아이의 영혼 속 사악함이 끔찍하더라도 반드시 교사는 상처받은 아이의 영혼 속에서 누군가의 도움을 바라는 존재를 발견해야 한다. 아이는 자신의 사악함을 치유해줄 대상을 기다리고 있다. 나는 악의 목소리에 말을 거는 것이 아니다. 나는 어떤 식으로든 짓밟힐 수 없는, 아이에게 내재된 인간적 아름다움의 목소리에 말을 건다.[193]

수호믈린스키는 마음의 문을 닫은 아이들과 친밀감을 형성하는 데에 자연의 아름다움을 감상하는 것만큼 좋은 방법은 없다고 보았다. 교사가 아이다운 순수한 열정으로 아름다움에 반응할 때, 학생들과 우정이나 유대감을 형성할 수 있었다. 또한 교사가 학생들과 동일한 경이로움을 체험했을 때, 그들의 세계로 들어갈 수 있었고, 그들에 대한 사랑을 키울 수 있었다.

아이들을 사랑한다는 것은 어린 시절을 사랑한다는 뜻이다. 어린 시절의 낙천성은 무지개 색칠 놀이와 같고, 만약 이러한 낙천성이 없다면 어린 시절도 없다.

하지만 여기서 우리는 학교생활에서 공통된 슬픔과 마주하게 된다. 바로 교육자이다. 그는 자신이 무엇을 하고 있는지 깨닫지도 못한 채 낙천성의 뿌리를 체계적으로 무자비하게 갉아먹는다. 낙천성은 마법의 컬러 렌즈이다. 이 렌즈를 통해서 보는 주변 세상은 아이들에게 놀라운 기적처럼 보인다. 아이는 단순히 눈으로 보고 머리로 이해하는 것이 아니라 감정적으로 평가하고, 사랑하고, 열광하고, 놀라고, 싫어하고, 사악함에 맞서 선량함을 지키려고 애쓴다. 우리는 이 마법 렌즈를 아이에게서 빼앗으면 안 된다. 아이들을 차갑고 계산적인 합리주의자로 만들어서는 안 된다.

아이들 자신 안에, 세상을 바라보는 아이들의 낙천적 시선에, 아이들을 향한 내 사랑의 원천이 있다.[194]

수호믈린스키는 아이들을 향한 사랑을 발전시키는 데 있어서 기억이 어떠한 역할을 하는지 관찰한 적이 있었다. 그는 수년에 걸쳐 자신이 맡은 학생들을 가르치는 동안 아이들의 고유한 자질이 빛나던 결정적 순간들이 기억에 남았다고 말했다. 그 결정적 순간에 아이들을 향한 사랑이 샘솟았고, 그 기억들이 사랑을 지속시켰다고 고백했다.

나의 마음속에 영원히 새겨진 이 추억들은 아이들에 대한 강렬한 사랑이 자라 넘쳐흐르는 작은 시냇물이다. 우리가 일하며 보낸 시간은 빠르게 지나가고, 아이들과 함께 보낸 시간들도 순식간에 사라진다. 하지만 이 모든 시간은 흔적 없이 그냥 지나가지 않는다. 우리들의 기억에, 우리들의 마음속에 살아있는 추억을 남긴다. 그리고 이러한 추억이 생생할수록, 내 마음에 박힌 인상이 강렬할수록 나는 아이들에게 더 강하게 끌린다. 그리고 아이들과의 신선한 만남이 주는 기쁨이 클수록, 나는 새로운 세대의 어린 신입생들에게서 더 독특한 개성을 발견한다.[195]

이런 기억들이 모이면 선한 의지의 저장고가 구축된다. 이것은 어떤 교사라도 마주칠 수밖에 없는 실망과 실패를 견디게 한다.

자신의 정서적 영역을 풍요롭게 유지할 때 교사는 통제가 불가능한 감정 상태로부터, 즉 교사를 괴롭히는 실패와 실망감으로부터 스스로를 지킬 수 있다.[196]

마지막으로 수호믈린스키는 아이를 향한 교사의 사랑과 교사를 향한 아이의 사랑은 교사의 '정신적 풍요로움', 즉 지식과 창조성의 산물이라고 말한다.

내 생각에 우리가 이해하고 있는 '아이를 향한 교사의 사랑과 교사를 향한 아이의 사랑'은 한 사람에 대한 경외감과 정신적 풍요로움에 대한 존경심에서 시작한다.[197]

반면에 '정신적 풍요로움'이 없다면 이것은 교사와 학생 간의 관계를 삭막하게 만들 수 있다.

빈약한 정신은 결코 진정한 사랑에 영감을 불어넣거나 영양분을 제공하지 못한다. 여러분은 아마도 한 번 이상 냉혹한 무관심을 목도한 적이 있을 것이다. 이를테면 교사와 학생 간의 관계가 소원해지는 무관심 같은 것을 말이다. 학생들은 선생님이 좋은지 싫은지 말할 수가 없다. 왜냐하면 교사는 수업 진도를 나가고, 시험 문제를 출제하고, 점수를 매기는 데 대부분의 시간을 사용하기 때문이다. 교사는 아이들에게 자신의 인간적인 모습을 드러내지 않는다. 그리고 불행히도 이것은 여전히 수많은 학교에서 일어나는 가장 골치 아픈 현상 중 하나이다. 이러한 교사는 얼굴 없이 숨어서 학생들의 영혼에 공허함을 심기 때문에 해를 끼친다.[198]

앞에서 우리는 교사들에게 필요한 네 가지 자질에 대해 자세하게 다루었다. 그것은 아이에 대한 사랑, 자신의 교과에 대한 열정, 교육적 사고에 대한 지식, 전수 가능한 노동 기술이었다. 교사들에 대한 파블리시 학교의 기대는 분명히 높았지만, 그만큼 지원 수준도 높았다. 교사들은 믿기지 않을 만큼 서로 협력했고 한마음으로 뭉쳤다. 이러한 '단결'은 어떻게 가능했던 것일까?

주요 요인으로 수호믈린스키가 직접 교사들을 선발했다는 점을 꼽을 수 있다. 그는 학교가 일관성 있는 교육철학을 추구하기 위해서는 교장에게 교사를 임명할 권리가 필수적으로 주어져야 한다고 생각했다. 일례로 수호믈린스키가 다른 분야에서 일하는 사람들을 설득해 교사훈련을 받게 하고 학교에서 근무하도록 한 사례가 몇 차례나 있었다. 이들은 기계, 식물육종과 같은 특정한 지식 영역에 대한 열정이 유달리 큰 사람들이었다. 또한 아이들과 자신의 관심사를 공유하는 걸 좋아하는 사람들이었다. 수호믈린스키는 그들을 학교에 초대해 경험 많은 교사들의 수업을 참관하게 했다. 그리고 시간제로 교사훈련을 받을 수 있게 지원하겠다고 제안했다. 조지 버나드 쇼는 "재능이 있는 자는 능력을 발휘하고, 재능이 없는 자는 남을 가르친다."라고 말한 적이 있다. 그러나 수호믈린스키는 '능력을 발휘'할 수 있는 사람들이 파블리시 학교의 교사가 될 수 있도록 많은 노력을 기울였다.

그는 자신의 저서 《파블리시 학교》에서 모든 교직원을 개별적으로 묘사하면서 그들의 특별한 관심사와 수업방식을 간단히 설명하고 있다. 각 교사의 특별한 관심사와 재능은 학교 공동체 생활에 많은 영향을 미쳤으며, 학생들뿐만 아니라 교사들도 다른 교사에게 배우는 일이 비일비재했다. 이렇듯 파블리시 학교에서 발전한 교육 방법론은 집단적 노력의 결실이며 교육적 확신은 경험과 아이디어의 교류를 통해 탄생했다.

집단을 통해 아이들을 가르칠 때 수호믈린스키의 개별적 지도 방법은 학교 교직원을 이끌기 위한 그의 접근 방식과도 일치했다. 그는 각 교직원의 개인적 성장에 초점을 맞췄다.

집단의 풍요로움은 개인적이고 사적인 풍요로움을 통해서만 이루어진다. 학교의 설립을 비롯해 학교에서 일어나는 모든 일은 지식의 다양성, 지적 생활의 풍요, 폭넓은 시각, 각 교사의 지속적인 지적 성장을 기반으로 한다.[199]

수호믈린스키는 교사들이 중요한 교육적 사안에 대해 자유롭게 논의할 수 있도록 노력했다. 그리고 끝없이 이어지는 회의, 학교와 무관한 활동에 대한 과도한 요구, 낮은 임금과 열악한 주거 문제 등 지방 학교에 근무하는 교육자들이 견뎌야 하는 압박감을 해소해주려 애썼다. 파블리시 학교의 교사들은 특별활동 시간에 수업 수당을 받았다. 그리고 일반적으로 다른 학교의 정규 교사들보다 1.5배의 월급을 받을 수 있도록 충분한 수업시수를 할당받았다. 충분한 휴일과 휴가도 보장받았다. 교직원 회의는 일주일에 하루로 제한했으며, 회의 때는 행정 문제보다는 교육적 논의에 집중했다. 그러나 수업 책임 분배와 같은 중요한 결정은 모든 교사가 참여하는 학교운영위원회 회의에서 결정했다.

우리는 교장의 학교 운영과 교육 업무에 관한 중요한 문제들을 서로 협력해 논의하고, 이를 해결하고자 애썼다.

협력의 효과는 교육 방향과 본질을 결정하는 원칙에 대한 공통된 견해를 유지하는 데 달려 있다. 교육적 견해와 신념에 관한 이러한 공통된 근거는 학교운영위원회 회의에서 교사들이 학교생활과 일에 관련된 실질적인 문제에 대해 집단적인 결정을 내릴 수 있게 해준다(학교운영위원회 회의는 연 7, 8회 열림).[200]

교사들 간의 협력을 촉진하는 가장 중요한 수단 중 하나는 매달 두 번 월요일 오후에 열리는 세미나였다.[201] 이 세미나는 두 파트로 나누어서 진행되었다. 첫 번째 파트는 교사의 발표, 그리고 특정 학생 집단과의 경험 평가로 구성되어 있었다. 발표 교사는 자신의 학급 운영에 관한 전반적인 설명을 마친 뒤에 주목할 만한 한두 명의 학생들을 소개했다. 이 아이들의 성격과 행동에 대한 상세한 소개가 끝나면, 다른 교사들은 자신들의 관찰과 경험에 근거한 의견을 추가적으로 내놓았다. 그리고 다 같이 이 아이들의 요구를 충족시킬 방법들을 찾았다.

세미나의 두 번째 파트는 대개 교육적 사안이나 방법론적 문제에 대한 이론적 성격이 강한 강연으로 이어졌다. 이 시간은 주로 교장이나 경험이 풍부한 교사가 주도하였다. 강연 뒤에는 모든 교직원이 참여하는 토론이 활발하게 펼쳐졌다. 이러한 강연과 토론을 통해 교사들은 다른 학교의 사례들과 교육사상에 대한 최신 경향을 접할 수 있었다. 일례로 소련 심리학자 레온티에프의 연구는 교사들의 상당한 관심을 불러일으켰다. 그것은 음악적 적성이 부족한 아이들의 음악적 재능을 개발하는 연구였다.[202] 교사들의 강연에는 사례와 참고문헌들이 수반되었다.

교사들은 저마다 상당한 규모의 개인 서고가 있었으며, 다수의 잡지를 구독했다. 그리고 책과 잡지를 서로 활발하게 돌려 보았다. 교무실 진열대에는 늘 흥미로운 신간들이 꽂혀 있었으며, 때때로 책 내용을 두고 열띤 토론이 벌어지기도 했다.

경험이 풍부한 교사들은 자주 젊은 동료 교사들에게 도움을 주었다. 이들이 가지고 있는 학생들의 각 가정에 대한 정보는 신입교사들에게 가치 있는 통찰력을 제공했다.[203] 신입교사들에게 특히 중요한 임무는 다른 교사들의 수업 참관이었다. 수호믈린스키는 정기적으로 교사들의 수업을 참관하고 시범 수업을 진행했다. 그는 《파블리시 학교》에서 학교 일을 막 시작한 신입교사와 관련한 자신의 업무를 상세히 설명하고 있다.

수호믈린스키와 신입교사는 서로의 수업과 경험 많은 다른 교사들의 수업을 참관했다. 두 사람은 학생들의 개인별 학습에 특별히 집중하며, 참관한 수업들을 분석했다. 이러한 활동은 몇 년 동안 지속되었다. 또한 연말이 되면 새해 계획을 세웠으며 특정한 사안들을 살피기 위해 수업 참관 프로그램도 만들었다. 동시에 이와 관련한 교육이론을 연구하기도 했다.

교실은 신입교사뿐만 아니라 수호믈린스키에게도 연구실이나 다름없었다. 이곳에서 학습과정을 연구했고 수업을 정교하게 가다듬었다. 이러한 공동 활동이 몇 년간 이어진 후 신입교사는 수업에서 발생한 문제들과 이에 대처하기 위해 자신이 개발한 교육방법들을 동료 교사들 앞에서 강연할 수 있었다. 이처럼 수호믈린스키는 교직원 사이에서 이례적 수준의 협력을 이끌어냈다. 그는 개별적으로 이루어지던 교사들의 기존 근무 방식을 허물었다. 그리고 경험 없는 교사들을 전폭적으로 지원하는 관행을 만들었다.

앞서 살펴본 내용을 토대로 우리는 이제 파블리시 학교에서 일어났던 '마음교육'에 대한 실천을 검토할 수 있다. 아이들은 매우 안정된 환경 속에서 학교를 다녔다. 확실히 자리 잡고, 치밀하게 조직된 교사들이 근무하고, 가족이 함께 참여하는 환경에서 공동의 목표를 추구했다. 모든 노력은 아이들이 건강한 신체를 유지하고 자존감을 높이는 데 초점이 맞춰져 있었다. 학교의 주된 관심은 아이들의 감각을 정교하게 다듬고, 자연과 음악, 예술, 인간관계에 있어서 미적 감각을 기르는 데 있었다. 또한 아이마다 가지고 있는 독특한 재능(아이들의 '황금광맥')을 발견하는 데 엄청난 노력을 쏟아부었다. 그리고 아이들은 다양한 흥미와 취미활동을 함께하는 다른 학생들과 교사들에게 둘러싸였다. 입학 첫날부터 모든 아이는 식물과 동물을 돌보고, 타인에게 기쁨을 주는 데서 즐거움을 찾는 법을 배웠다.

이 모든 실천 속에서 학생들의 고유한 감정과 상상력은 날로 발달했고, 정교하게 다듬어졌다. 그들은 사춘기 이전의 시기는 선의의 노동을 활발히 훈련하는 기간으로 활용하였다. 이는 청소년기가 시작되기 전에 도덕적 가치와 태도, 습관이 잘 자리 잡히도록 하기 위함이었다. 수호믈린스키는 저속하고 잔인한 행동을 상상조차 할 수 없게 만드는 개인의 의식 개선을 교육목표로 삼았다. 이를 실현하기 위한 그의 방법은 원칙적으로 간단했다. 그것은 아름다움에 대한 기쁨과 고통에 대한 연민을 함께 나누고, 아이들에게 아름다움을 창조하고 타인에게 기쁨을 전할 기회를 주는 것이었다. 이렇게 그가 계속해서 노력할 수 있었던 까닭은 모든 아이의 내면에는 선량함이 있다는 믿음에 있었다.

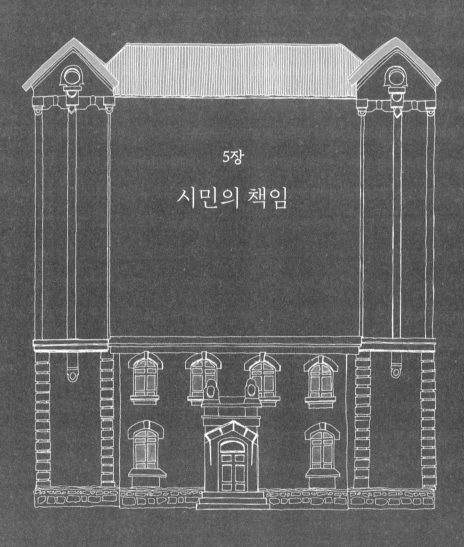

Василь Олександрович Сухомлинський

5장

시민의 책임

이념적 영향과 시민교육

젊은 시민들을 사회 이상을 실현할 정치활동가로 교육한다는 뜻은 그들 삶의 지평을 가족관계, 집, 태어난 마을이라는 테두리 너머로 점차 확장한다는 의미이다. 우리 사회, 국가, 인류에 대한 관심이 아이들의 마음과 정신에 가능한 한 일찍 자리 잡는 건 매우 중요하다.[204] 이 세상에서 한 사람이 다른 사람에게 착취당하는 한, 인류에 대한 사랑을 교육하기란 불가능하다. 인간애는 추상적으로 존재하지 않기 때문이다. 계급에 따라 '착취당하는' 형제들이 있고, 타협할 수 없는 '착취자'들이 있다. 따라서 아이들은 어릴 때부터 혁명 사상과 이상을 따른다는 의미가 무엇인지 이해하고 마음 깊이 느껴야 한다.[205]

이 장에서는 인문주의의 세 번째 요소에 대해 다룬다. 이는 인류 복지에 대한 관심을 불러일으키는 시민의 책임의식 교육이다. 시민의 책임의식과 인류 복지에 대한 수호믈린스키의 문제의식은 그가 살았던 사회의 특수성에서 많은 영향을 받았다. 그 당시 소련 사회는 오늘날 우리가 살고 있는 사회와는 정치적, 사회적 삶의 외형이 판이하게 달랐다. 공산주의는 사람들에게 협동적 삶을 교육함으로써 성취될 수 있었다. 그리고 이것은 수호믈린스키의 저서에서도 강도 높게 표현되는 이념으로, 시민교육에 대한 그의 접근 방식에서 가장 지배적인 주제 중 하나이기도 하다.

수호믈린스키의 인격 형성기는 스탈린 시대였다. 그때의 사회 흐름은 그의 사회적 태도에 큰 영향을 끼쳤다. 스탈린이 통치하던 소련은 정치문화 측면에서 중세 기독교 국가나 제정 러시아와 흡사했다. 폐쇄적이고 획일적인 질서가 확립되어 있었고, 적대적인 정치 표현은 결코 용납되지 않았다. 이러한 분위기 속에서 개혁은 오직 당의 주도로 이루어졌다. 15세기 러시아 초기 국가 형성에 기여한 영웅적 금욕주의 이상도 부활했는데, 이것은 '러시아 영성의 초석'이라고 불렸다.[206] 좀 더 일상적인 측면에서 살펴보자면, 가정과 교육을 대하는 태도는 혁명 이전의 상태로 되돌아갔고, 1920년대의 실험 정신은 거부되었다. 당시의 애국심과 영웅주의의 가치는 수호믈린스키의 교육성과에도 그 흔적을 남겼다. 하지만 정책을 실행하기 위한 폭력의 사용은 그의 천성과는 거리가 멀었으며, 산업적 역량을 인간의 진보와 동일시하지도 않았다.

　수호믈린스키는 사회적 병폐가 그릇된 양육과 인도적인 교육의 부재, 다른 사람에 대한 책임의식 교육의 실패에서 비롯한다고 보았다. 따라서 그에게 시민의 책임의식 교육은 의무감과 근면함, 애국심을 심어주는 것을 의미했다. 공산주의에 대해 유토피아적 시각을 갖고 있던 수호믈린스키는 젊은이들이 학습하며 봉사하는 삶을 준비할 수 있도록 심혈을 기울였다.

　수호믈린스키는 모든 어른에게 주어진 주된 시민의 책임은 그들의 자녀를 교육하는 일이라고 생각했다. 자녀교육에 쏟는 어른들의 노력의 질이 미래 시민의 질을 결정한다고 여긴 것이다. 두 번째 시민의 책임은 자신이 선택한 직업 안에서 성실히 일하는 것이었다. 또한 모든 사람에게는 나라를 지킬 의무가 있었다.

　수호믈린스키의 접근 방식에 있어서 정서적 감수성 함양은 조국에 대한 사랑을 심어주고, 자신의 목숨을 걸고 나라를 지키려는 마음을 심어주기 위해서였다.[207]

　젊은 세대에게 파시즘의 재앙으로부터 우리 민족과 인류를 구해준 사람들을 진심으로 기억하고, 그들에게 의무감을 갖도록 가르쳐야 한다. 이와 함께 신성한 불꽃처럼 타오르는 우리의 증오심을 보존해 다음 세대로 전해줘야 한다. 파시즘은 땅이든 바다든 아무리 깊숙이 묻어도 묻히지 않는 악이다. 이것은 기록물이 묻힌다는 의미의 역사적 표현이 아니다. 제국주의가 존재하고, 수억 명의 사람들이 자본주의의 노예로 지구상에 남아있는 한, 모든 학생은 싸움터에서 피 흘릴 전투를 준비해야 한다. 독재자와 제국주의자에 대한 신성한 증오심은 결코 약해져서는 안 된다. 세대에서 세대로 전해지며 더욱 강해져야 한다.

증오심은 우리 조국에 대한 신성한 사랑의 정신적 에너지이다. 이 말을 조국을 지키느라 목숨을 잃은 전사들의 무덤으로 학생들을 데려갈 때 들려주어라. 어린 애국자들의 가슴에 증오심이 가득 채워질 때까지 서서히, 조금씩 들려주어라. 교육자들은 가장 인간적이고 가장 고귀한 이 감정이 인간을 진정으로 아름답고 친절하며 사랑스럽고 섬세한 사람으로 만든다는 사실을 기억해야 한다.[208]

이 놀라운 글에는 약간의 해설이 필요하다. 이러한 강도 높은 발언 수위에는 수호믈린스키의 전시 경험이 많은 영향을 끼쳤음이 분명하다. 수호믈린스키는 고향 마을로 돌아갔을 때 그곳에서 일어난 잔혹한 사건을 들은 이후의 심정을 글로 적었다. 특히 비인간적으로 자신의 아내와 갓 태어난 아이가 죽었다는 이야기를 들었을 때의 감정을 토로했다. 또한 그가 자신의 분노를 어떻게 아이들에 대한 사랑으로 승화시켰는지도 밝혔다. 이러한 수호믈린스키의 삶에 대한 이해는 사랑과 증오 사이의 기묘한 상호 의존관계를 설명하는 데 다소 도움이 될 것이다. 그리고 이것은 앞선 놀라운 글에 대한 심리적 기원의 실마리를 제공한다.

　수호믈린스키의 글에는 헌법상의 문제 또는 정치, 사법 과정과 관련한 시민교육에 대한 언급이 없다. 그는 전쟁 중에, 또는 직장에서의 영웅적 행동에 대한 이야기를 다루는 '시민의식에 대한 대화'를 무척 중요시했다. 이런 이야기는 영웅적 행동의 이상을 표현한 것으로, 시민교육에 관한 그의 글에서 자주 등장하는 주제이다.

　수호믈린스키의 시민교육 방식에 있어 제도적 형태보다는 인간관계에 초점을 맞춰 사회생활과 시민생활을 들여다볼 필요가 있다. 그리고 사회생활의 기본이 되는 도덕적 원칙과 태도에 대해서도 고려해야 한다. 이러한 관점을 활성하기 위해 사회와 개인 간의 관계를 나무와 열매에 비유한 수호믈린스키의 예시를 살펴보자.

　인간에게는 수많은 세대의 삶을 기록한 기억이 있다. 이것은 수 세기를 연결하는 기억이다. 인간을 인간답게 만드는 것은 자신이 기르는 나무뿌리가 어디에서 성장해서 어디로 뻗어 나가는지 알고 기억하는 것과 같다. 그리고 무엇을 먹고사는지 알고 기억하는 것과도 같다. 조국과 민족을 의식하면서 인간은 자기 자신을 의식하게 되고, 민족의 일부로 자신의 인격을 이해한다. 또한 부드럽고도 엄격한 감정을 경험하며, 조국과 국민에 대한 의무와 책임감을 느끼게 된다.[209]

이 예시는 나무가 땅을 의지하는 것과 마찬가지로 사회 역시 그것이 존재하는 자연환경에 의지한다고 달리 표현할 수 있다. 개인이 사회와 자연에 의존하는 것은 열매가 나무와 땅에 의지하는 것과 같다. 이 관계에 대한 자각은 사회와 자연에 대한 개인 의무의 인식으로 이어진다. 새로운 나무의 배아가 열매 속에 들어 있듯이 사회가 살아남으려면 개인도 사회생활의 원칙들을 구현해야 한다. 이러한 관점에서 시민교육은 개인이 자기 자신을 이해하고, 사회와 자연에 대한 이해를 돕도록 이루어져야 한다. 또한 실존적 사슬의 각 단계마다 건강을 증진하는 삶을 살도록 훈련시켜야 한다.

수호믈린스키의 공산주의는 유토피아적이고 영웅적이다. 그의 교육체계의 모든 측면은 시민정신에 의해 개발되었으며, 공산주의 사회의 이상에서 받은 영감과 자신의 영웅적 금욕주의에 의해 유지되었다. 누군가는 그에 대해 교육을 통해 '한 마을에 공산주의'를 건설하고자 자신을 헌신한 사람이라고 평할 수도 있을 것이다.

사회적 삶과 시민교육

모든 사회에는 개인의 필요와 욕구는 물론 전체 사회의 필요와 욕구 사이에 긴장감이 존재한다.[210] 만족감을 주는 개인의 이익과 공익을 위한 집단의 이익 사이에 균형을 유지하려면 다양한 사회적 모델을 살펴보는 게 도움이 된다. 개인이 사회에 봉사하고 타인을 기쁘게 할 때 성취감을 얻을 수 있다는 수호믈린스키의 제안은 오래된 이상을 표현한 것이다. 이러한 의무에 대한 구시대적 개념은 자본주의 사회에서 개인주의적 풍조의 균형을 찾아주는 데 꼭 필요한 개념일지도 모른다. 따라서 교육자들은 의무와 봉사 같은 개념에 대한 수호믈린스키의 생각 속에서 어떠한 의미를 발견할 수도 있을 것이다. 그가 아이들을 위해 쓴 다음 글을 살펴보자.

인간에게는 '의무가 있다.' 우리 삶의 모든 의미는 우리에게 '의무가 있다'는 사실에 있다. 그렇지 않으면 살아간다는 게 불가능할 것이다. 우리는 사회 속에서 살아가며 매 단계마다 타인과 만난다. 우리가 행복과 기쁨을 느끼는 순간순간 다른 사람들은 정신과 육체 에너지, 보살핌, 걱정, 불안, 생각의 연장 같은 대가를 치른다. 인간에게 의무감이 없으면 삶은 혼돈에 빠질 것이며, 대낮에도 거리를 다닐 수 없을 것이다. 다른 사람에 대한 우리의 의무를 명확하게 이해하고 엄격하게 관찰할 때 우리는 진정 자유로울 수 있다. 인간적으로 행동할수록, 타인에 대한 의무를 의식적으로 관찰할수록 인간의 행복, 즉 자유라는 마르지 않는 샘을 더 많이 끌어들인다. 의무감에서 벗어나려고 애쓰면 욕망의 노예로 전락할 뿐이다. 의무감을 지킬 때, 인간은 항상 타인에게 무엇인가를 양보하게 된다. 인생에서 늘 어떤 사람에게는 삶이 쉽지만 어떤 사람에게는 무척 어려울 수 있다. 어떤 사람은 기쁨을 많이 경험하지만 어떤 사람은 적게 경험하고, 또 어떤 사람은 더 나은 삶을 살지만 어떤 사람은 더 불행한 삶을 산다. 인간의 의무감에 대한 지혜는 타인에 대한 의무를 지고, 그들이 당신에 대한 의무를 지는 것을 보고 내면적으로 판단하는 데 있다.[211]

수호믈린스키에게 의무가 없는 권리란 있을 수 없었다. 그는 아이들이 매 순간 의무감에 대한 교훈과 마주한다고 보았다. 이를테면 가지가 부러진 과일나무와 도움이 필요한 사람들을 봤을 때, 그에 상응하는 반응을 보인다면, 아이들은 사회생활에서 가장 중요한 교훈을 배운 것이다. 의무감에 뒤따라오는 기쁨 말이다.[212]

수호믈린스키는 아이들과 함께 밤 기차를 타고 해변으로 갔던 일을 예시로 들어 의무에 대해 설명했다. 한 소녀는 어떻게 기차가 밤새 계속 이동할 수 있는지를 궁금해했다. 아이들은 기관사가 잠을 자지 않고 깨어있었다는 사실을 알고 모두 깜짝 놀랐다. 수호믈린스키는 이것을 의무라는 개념을 설명하는 이상적 사례로 보았다.

수호믈린스키는 교사들이 의무와 같은 개념을 아이들에게 설명할 때 이처럼 일상생활의 경험을 예시로 들 것을 권했다. 도덕적 개념을 명확하게 설명해야 한다고 생각했기 때문이다. 《진정한 인간 교육법》의 상당 부분은 그러한 목적을 염두에 두고 쓰였다.

이 책에서 그는 도덕적 담화에 대한 어휘를 정의했다. 의무, 정의, 자비, 연민, 양심, 겸손, 관대, 욕심, 친절, 잔인함, 아름다움 같은 인습적인 어휘들의 의미를 밝혔다. 또한 사랑, 죽음, 노화처럼 보편적인 주제들도 다루었다. 당시 소련 사회에서 이런 우화들은 상당히 경이로운 것이었다. 책을 읽은 한 소련 사람은 자신의 감동을 다음과 같이 표현했다.

그는 중요한 것들, 영원한 것들에 대해 이야기했다. 정신적 이상, 숭고한 사랑, 인간관계의 조화, 생명을 주고 단란한 가정을 꾸리기 위해 애쓰는 어머니로서의 여성에 관한 것들이다. 또한 모든 인간 활동에 더 높은 의미와 정당성을 부여하는, 톨스토이적 의미의 신으로서 친절에 대한 가장 고차원적인 도덕적 가치와 토대에 관한 것이었다.

그는 알고 있었을까? 지금 자신의 주변에서 무슨 일이 벌어지고 있는지 보았을까? 그렇다! 그렇다는 명백한 증거가 있다. 하지만 결코 그는 잔인한 말을 하지 않았고, 계속해서 자신의 연극을 만들었다. 그 연극은 해피엔딩과 도덕적 교훈이 깃든 따뜻한 동화였다. 그는 인간의 보편적 가치는 삶의 보금자리나 한 조각의 빵으로 대체할 수 없는 가장 중요한 것이라고 말했다. 또 이 가치가 없어진다면 사람들은 모두 사라지고 말 것이라고 말했다.[213]

아마도 시민의 책임의식에 있어 가장 고차원적인 표현은 전반적인 인류 복지에 대한 관심일 것이다. 수호믈린스키는 학생들 사이에서 그러한 관심을 북돋우려 애썼다. 이것은 아이들의 동정심을 다른 나라 사람들을 아우를 만큼 크게 확장시키려는 시도였다. 이와 관련한 대표적인 일화가 있다. 수호믈린스키는 피폭으로 백혈병에 걸린 일본 소녀 사다코 사사키에 관한 신문 기사를 읽어주다가 아이들과 함께 소녀를 위해 천 마리 종이학을 접어 보내자는 목표를 세웠다. 아이들은 종이학을 만들어 아픈 소녀에게 보내주었고, 계속해서 몇 년간 소녀의 소식을 들었다.

수년이 지나서 나의 학생들은 이제 젊은 청춘 남녀가 되었다. 그들은 사다코 사사키의 소식을 조금씩 전해 들으며 그녀의 고통에 진심으로 슬퍼했다. 그리고 멀리 떨어진 친구의 사망 소식은 젊은이들의 가슴 속을 후벼 팠고, 깊은 상실감을 주었다.

아이들 앞에서 세계는 그 지평선이 점차 확장된다. 세계는 단지 바다와 해양, 섬과 대륙, 들어보지 못한 식물과 동물, 북극의 북극광과 열대의 영원한 여름만으로 이루어져 있지 않다. 세계는 인간들로 이루어져 있다. 행복한 미래를 위해 사람들이 노동하고 노력하는 곳이 세계이다. 아이들은 이 세계로 들어가야 한다. 그러나 무슨 일이 어디에서 일어나는지 알고, 그것을 말하는 것에서 그치는 수동적 관찰자로서가 아니라 미래의 인류를 위한 걱정을 직접 경험해본 사람으로서 들어가야 한다.[214]

수호믈린스키는 감각적인 정보가 범람하여 세상에 무뎌진다면 아이들이 감수성을 발휘할 가능성이 적다고 주장한다. 그리고 자신의 견해를 뒷받침하기 위해 톨스토이를 언급한다.[215] 감정이 행동으로 이어지도록 실제적 수단을 제공하지 않은 채 연민이나 분개심을 일깨우는 것은 무감각과 냉담함, 위선을 부추기는 것과 같다.

시민교육은 사회와 연결된 개인의 관계 연구뿐만 아니라 자연과 연결된 사회관계 연구도 포함해야 한다. 이 문제에 관해서 수호믈린스키의 연구는 서구 교육자들의 연구와도 깊은 관련이 있다.

그가 개발한 환경교육 모델은 그가 살았던 시절보다 훨씬 앞서 있었기 때문이다.

수호믈린스키가 개발한 교육모델에 흥미를 느낀 소련의 교육학자 E. 안드레예바는 그의 생태교육 방식에 관해 두 편의 짧은 논문과 다수의 기사를 썼다.[216] 《교사신문》에 쓴 기사에서 그녀는 수호믈린스키가 생태교육의 포괄적 체계 발전에 있어서 그가 살았던 시대보다 적어도 20년에서 30년을 앞서 있었다고 말했다. 그리고 이 체계의 장점으로 환경에 대한 정보를 학생들에게 제공했을 뿐만 아니라 환경을 보호하는 태도와 습관을 길러주었다는 점을 들었다.

자연을 사랑한다는 의미는 자연을 돌보고, 사랑하고, 완전하게 하고, 밀렵꾼과 자연을 해치려는 모든 존재로부터 자연을 지키는 것이다. 이것은 수호믈린스키의 학생들이 자연을 사랑한 방식이다. 자연 속 모든 활동은 공익을 위한 노동활동이 대부분이었다. 이것은 교육학적 영향의 조화에 있어서 가장 중요한 요소이다. 장황한 말이나 선언 없이도 아이들은 녹지대에 나무를 심었고 포도밭을 가꾸었으며 과수원을 만들었다. 또한 20년에 걸쳐서 12만 평의 황무지를 비옥한 농경지로 바꾸어놓았고, 약 50만 평의 땅을 침식으로부터 구했다. 이 모든 것은 화려함과 격식을 차린 경쟁 없이 이루어진 일이었으며, 여기엔 주도권 싸움도 일등상도 없었다.[217]

수십 년이 흐른 지금 환경교육 프로그램을 활발하게 실천하고 있는 학교를 만나는 것은 그리 드문 일이 아니지만, 당시에는 상당히 이례적이었다. 수호믈린스키의 연구는 환경교육이 학교 교육과정에 어떻게 통합될 수 있는지를 잘 보여주는 사례이다. 그는 읽기와 쓰기, 기술, 음악, 역사, 과학 등 과목을 막론하고 자연으로부터 영감을 받도록 아이들을 야외로 데려갔다. 수호믈린스키에게 자연은 '살아있는 사고의 원천'이었다. '시민의 책임' 교육에 있어서 많은 부분을 차지한 것도 바로 이러한 환경 프로젝트였다.

환경교육에 대한 수호믈린스키의 접근 방식은 몇 가지 측면에서 주목할 만하다. 첫째는 자연의 아름다움에 대한 감수성과 생명체에 대한 연민의 마음을 함양하는 것이다. 둘째는 미래교육의 측면에서 미래 세대에 대하여 관심을 갖는 것이다. 이것은 환경활동과 일반적으로 도덕교육에서 표현되는 학교 철학에 있어 필수적인 부분이었다. 셋째는 자연을 돌보는 데 적극적으로 참여하는 것이다. 이러한 활동에는 토양 보호, 토양 비옥도 개선, 종자 채취, 식물 번식, 나무 심기와 토양 침식 방지, 동식물과 새 돌보기가 있었다. 넷째로 앞서 언급한 활동들의 지적 토대를 제공하는 토양 비옥도, 생물학, 농업과 축산업에 대한 과학적 연구가 있었다. 마지막으로, 기술을 창조적으로 활용하는 교육이다.

수호믈린스키의 글을 읽다 보면 사고, 느낌, 행동이 환경교육과 통합된 방식으로 결합한 많은 사례들을 접하게 된다.

젊은이들은 마음속에서 시민임을 자각하고 악을 인식하며 악에 맞서야 한다. 한번은 아이들과 함께 숲속에 앉아 있다가 막심 고리키의 말 속에서 심오하면서도 유익한 진실을 발견했다. 우리는 '갑자기' 그때까지 우리들 중 아무도 관심을 기울이지 않았던 어떤 것을 알아차렸다. 그것은 최근에 만들어진 것으로 넓은 들판에서 간신히 눈에 띨 정도의 물길이었다. 들판은 약간 경사져 있었고, 빗물이 흘러내리면서 앞으로 도랑이 될 그 지점에 첫 획을 '그어' 놓았던 것이다. 아이들이여 집중하라! 이제 너희들은 열한 살이란다. 막 청소년기의 첫 단계를 향해 다가가고 있지. 이 들판을 좀 보렴. 우리에게 이것이 어떤 의미인지 생각해보아라. 비옥한 땅, 우리 삶의 원천인 이것이야말로 이 나라의 풍요로움을 보여주는 증거가 아니고 뭐겠니? 그러나 이 원천은 무한하지 않단다. 만약 조국의 비옥한 들판들이 사라지면 먹을 것은 전혀 나오지 않겠지….

나는 아이들의 두 눈에 걱정이 서려 있는 것을 보았다. 그것은 좋은 징조였다. 그리고 내가 찾던 것이었다. 아이들의 눈에서 나는 질문 하나를 본다. '우리가 어떻게 하면 되나요?' 이것은 내가 말했던 위대한 사고의 첫 단추이다. 이 질문은 아이들을 청소년으로 성장하게 이끌 것이며, 시민이 된 느낌으로 삶을 채우게 할 것이다.

우리는 들판 주변을 산책했다. 그리고 물길을 사방에서 면밀히 관찰했고, 물이 어디에서 흘러내리는지 살폈다. 물길과 만나는 개울이 몇 개인지도 살폈다. 그러고 나서 물의 흐름을 멈추게 해야 한다는 사실을 분명하게 깨달았다. 우리는 이 파괴적인 힘을 막고 숲으로 물을 보내야 했다. 그곳에서 일부는 땅속으로 스며들 것이고, 일부는 이웃한 연못과 연결된 시냇물로 흘러들어갈 것이다.

우리는 일을 시작했다. 언뜻 보기에는 쉬워 보였지만, 사실 여간 어렵지 않았다. 그러나 우리는 악과 싸우고 있고, 좋은 일을 하고 있다는 생각에서 힘을 얻는다. 삶은 내게 여러 차례 확신을 주었다. 학생들을 생각하는 단계에서 확신하는 단계로 이끌고 싶다면, 스스로를 표현하고 강해지며 노동 속에서 승리하는 방법을 찾아야 한다.[218]

수호믈린스키의 시민정신은 제도적 전통보다는 그가 살았던 사회와 땅에 연결되어 있다. 그의 글에는 환경학자들의 흥미를 끌 만한 측면이 있었고, 의무와 기타 전통적 가치와 관련한 훈계는 종교 교육자들과 전통적 성향을 가진 사람들의 마음을 움직였다. 또한 공산주의에 대한 그의 유토피아적 시각은 토머스 모어의 작품 속에서 드러난 인문주의에서도 선례를 찾을 수 있다.

나는 아이들의 두 눈에
걱정이 서려 있는 것을 보았다.
그것은 좋은 징조였다.
그리고 내가 찾던 것이었다.

아이들의 눈에서 나는 질문 하나를 본다.
'우리가 어떻게 하면 되나요?'
이것은 내가 말했던 위대한 사고의
첫 단추이다.

이 질문은 아이들을
청소년으로 성장하게 이끌 것이며,
시민이 된 느낌으로 삶을 채우게 할 것이다.

전인적 발달과 시민교육

수호믈린스키는 당시 소련 사회에서 정의롭고 행복한 세계를 상상했다. 인문주의 정신과 전인적 발달을 강조했던 그는 파블리시 학교에서 교육이상을 실현하고자 노력했다. 중앙에서 크게 주목하지 않는 시골 마을의 한 작은 학교는 수호믈린스키가 꿈꾸던 교육이상을 실현하기에 더없이 좋은 조건이었다.

그러나 수호믈린스키의 교육방침은 집단주의를 강조하는 소련 사회의 분위기와 맞지 않는 부분이 있었다. 이런 이유로 파블리시 학교의 모범적 사례를 전파하고자 했던 수호믈린스키는 종종 장벽에 부딪혀야 했다. 파블리시에서의 교육적 실천이 소련 사회에 전면적으로 확산되지 못한 까닭도 여기에서 비롯한다.

파블리시 학교를 방문했던 교육자들은 이구동성으로 수호믈린스키의 교육적 실천이 갖는 의의에 주목했다. 수업 참관이나 저서를 통해 수호믈린스키의 실천을 접한 교육자들은 그에게 많은 질문을 했다. 수호믈린스키는 이러한 질문 중에서 백 가지를 추리고 여기에 답변을 달아 《선생님에게 드리는 100가지 제안》이란 책을 썼다. 그가 이 책에서 말하고자 했던 핵심은 바로 '전인적 발달'이었으며, 그것은 수호믈린스키의 마음속에 그리는 '시민'을 향했다.

개인보다 집단을 우위에 두어야 한다는 사회적 분위기 속에서도 수호믈린스키는 '모든 학생은 구체적이고 독립적인 주체'여야 한다고 보았다. 《선생님에게 드리는 100가지 제안》의 첫 번째 제안 또한 구체적이고 독립적인 주체로서 학생을 바라보는 것으로 시작한다. 당시 소련은 서구에서 말하는 시민사회가 형성된 곳은 아니었지만 그에게 학생은 미래 시민사회를 이루는 주체였다.

학생들 중에서는 저학년 때부터 공부에 흥미를 잃고, 고학년에 가서는 희망이 없을 정도로 성적이 떨어지고, 학습 의욕도 없이 학교를 다니는 경우가 있다. 왜 이런 학생들이 생기는 걸까? 같은 시간에 공부하고 같은 교재로 공부했는데, 학교에 적응 못하는 학생이 왜 생기는 걸까? 여러 이유가 있겠지만, 교수방법론 면에서 보면 학교생활에서 가장 중요한 학습 부문에서 교사가 모든 아이를 개별적으로 대하는 태도가 부족했기 때문이다.[219]

소련의 교육은 국가와 집단에 기여할 수 있는 인간을 키우는 것을 목표로 했다. 이런 체제 아래에서 교사들에게 '학생들을 개별적으로 대하라'라고 제안한 것은 수호믈린스키의 담대한 용기를 보여주는 대목이기도 하다. 그에게 있어 교수학습 방법을 포함한 교육의 모든 이론을 기계적으로 적용할 수 있는 '추상적인 학생'은 하나도 없었다. 수호믈린스키는 학생들을 개별적 주체로 인식했을 때 전체 학생들도 진보한다고 생각했다.

개인은 집단 속에 존재하지만 독립적 자아를 가진 주체라는 사실을 인식하는 것이 시민의식의 출발이다. 독립적 자아는 집단의 규율을 무조건 따르는 것이 아니라 기존 질서에 대해 항상 의문을 품고 이를 해결하고자 노력하는 개별자이다.

공부를 한다는 것은 진리를 발견하고 의문을 품는다는 것이다. 학생이 모르는 것을 이해하고 느끼도록 해야 하며, 의문이 생기도록 해야 한다. 당신이 만약 이렇게 했다면 그것은 벌써 일의 절반은 성공한 셈이다. 그러나 이렇게 하는 것이 그리 간단한 일은 아니다. 교수 준비를 할 때 이 견지에서 교재를 세심히 살펴야 한다. 얼핏 보기에는 잘 보이지 않는 인과적 연계가 맺어져 있는 바로 그 교차점을 찾아내야 한다. 거기에서 의문이 생기기 때문이다. 의문은 알려는 욕구를 불러일으킨다.[220]

전통과 질서에 대해 의문을 품고 이를 해소하기 위한 노력은 능동적으로 지식을 축적, 구성하려는 자세이다. 이는 지식을 암기하는 것으로는 해결할 수 없는 비판적 사고의 원천이다. 시민으로서 기본적으로 갖추어야 할 비판적 사고는 어떻게 기를 수 있을까. 누구나 알고 있지만 아무나 실천하기 힘든 시민교육 방법을 수호믈린스키는 잘 이해하고 있었고, 이를 자신의 교육에 녹여냈다.

> 암기를 하려면 먼저 내용부터 이해해야 한다. 당신은 학생들이 많은 사실과 사물, 현상들을 자기가 생각하고 이해한 다음 외우도록 이끌어야 한다. 이해하지 못한 것을 외우지 않게 해야 한다. 사실과 사물, 현상들을 이해한 데서부터 추상적인 진리(규칙과 공식, 정의, 결론)를 깊이 이해하는 데로 나아가는 길을 거쳐야 하는 것이다. 이 과정을 다 거치는 것이 바로 지식을 얻는 것이다.[221]

수호믈린스키는 국가의 부름에 헌신할 수 있는 사회주의적 인간형을 강조하면서도 학생들을 개별적이고 독립적인 주체로 보았다. 그러나 시민은 시민사회의 주체로서 국가주의를 추구하는 인간형과는 거리가 멀다. 이것은 수호믈린스키가 가졌던 가장 큰 딜레마였지만 그는 구체적 실천으로 이를 극복해냈다. 학생을 전인적 발달의 주체로 본 것이다. 그가 꿈꾸었던 이상적 시민은 '전면적이면서도 조화로운 발달'의 능동적 주체였다.

전체적으로 발전한 이상적인 인격은 조화롭게 발달된 인격이다. 조화가 없는 교육사업은 조화로운 발달에 이를 수가 없다. … 한 사람이 철부지 아이로 우리 학교에 들어와서 공부할 때, 우리는 '학생'이란 단어에 대한 좁은 이해만 가지고 그를 보지 말아야 한다. 교사가 그를 단지 머리에 지식을 부어넣어 주어야 하는 생물로만 본다면, 그는 전체적으로 발전한 사람이 될 수 없다. … 조화로운 교육은 학교 정신생활의 모든 분야를 통해, 우리들이 교육하고 있는 사람의 여러 측면의 활동에서 도덕의 풍부함이 드러나게 하는 데 있다.[222]

시민은 사회와 분리되어 독립적으로 존재할 수 없다. 소련의 체제가 집단 속에서 규율화된 개인을 요구하고 있다면, 수호믈린스키가 꿈꾸었던 시민정신의 요체는 독립적 주체인 인간이 사회에 책임감 있게 참여하는 것이다. 이때 책임감은 그저 집단의 목표에 순응하는 것이 아닌 집단 구성원의 상황을 고려하는 정의로운 참여로 발현되는 덕목이다.

우리 사회는 극히 중요한 도덕적 문제(동시에 인격의 전인적 발달의 문제이기도 하다)에서 새로운 경지를 개척했다. 이것이 바로 사회 이익과 개인 이익이 서로 결합하는 것이고 개인과 사회의 행복 조화다. 개인이 사회적 의무를 다하려면 그 의무가 그 사람의 개인적

바람에 맞아야 한다. 이것이 바로 책임감의 함축된 의미이다.[223]
우리가 학교에 받아들인 학생이 앞으로 어떤 공민(시민)이 되고 어떤 노동자가 되며, 어떤 사회적 복지의 창조자가 되고, 어떤 아버지와 자기 자녀의 교육자가 되느냐는 결국 우리가 이 방면에 대해 어떻게 교육하고 훈련하는가로 결정된다.[224]

수호믈린스키가 상상했던 시민정신은 지적 교양을 갖추고, 타인의 고통에 연민하며, 합당한 노동활동을 통해 책임감 있게 사회에 참여하는 조화로운 성장 과정에서 나오는 것이다. 종종 충돌하는 공공의 이익과 개인의 욕구에 대한 결합은 당시 소련 사회에서는 상당히 도전적인 제안이었다. 그러나 수호믈린스키는 이것이야말로 전형적인 사회주의적 인간을 육성하는 방법이라고 주장함으로써 그가 수행하는 방법들의 교육적 근거를 마련했다. 그가 말한 교양의 추구와 아름다움에 대한 감수성, 노동활동과 도덕적 사회 참여는 지금까지 그가 강조해왔던 전인적 발달의 모든 영역이다.

비록 소련 사회의 경직성으로 인해 수호믈린스키의 교육이상은 그가 원하는 만큼 국가 전체로 확산되지는 못했지만 파블리시 학교를 통해 충분히 검증되었고, 그를 아는 사람들은 이것이 가진 의의를 높게 평가하였다. 그가 평생 천착했던 과제인 '전인적 발달'은 서구의 시각으로 보면 건강한 몸과 지적 교양을 바탕으로 사회에 조화롭게 참여하는 시민이었다.

닫는 글

수호믈린스키의 교육 유산

나는 개인의 특성이 셀 수 없이 다양하다고 생각한다. 누구든 창조
자가 되어 이 세상에 흔적을 남길 수 있다. 이것이 우리가 꿈꾸는
미래사회를 건설하려는 목적이다. 바람에 날리는 먼지처럼 어떤
사람도 '아무것도 아닌 사람'이 되어서는 안 된다. 아이들은 한 명
한 명 빛나야 한다. 어마어마하게 많은 별들이 하늘에서 빛나는 것
처럼.[225]

수호믈린스키의 상황과 인품이 특별해서 그가 이룬 성과가 서
구의 교육자들과 관련성이 거의 없다고 말하는 사람들이 있다. 이
것은 사회주의 국가인 소련의 작은 시골 마을에서 살며 25년간 그
곳 아이들을 교육했던 수호믈린스키의 남다른 이력 때문일 것이다.

하지만 파블리시 학교에서 시행한 수호믈린스키의 교육적 실험은 독특한 것으로 그의 헌신과 강인한 의지를 보여주는 증거였다. 그가 이룬 많은 교육성과는 다른 교육자들이 공유하는 이상을 실현하려는 시도에서 큰 관심을 끌었다. 그 이상이란 전인교육에 대한 이상, 따뜻한 마음을 가진 사람으로 교육하는 이상, 사회적 책임의식을 지닌 사람으로 교육하는 것이다.

수호믈린스키의 교육이상을 살펴볼 때, 우리가 그의 교육체계를 전부 수용할 수 있는가 하는 질문은 적절치 않다. 우리의 질문이 향할 곳은 그의 전인교육 개념이 교사와 학부모에게 유사한 접근방법을 개발하도록 자극할 수 있는지 여부이다.

수호믈린스키는 새 시대가 도래하고 있다고 생각했다. 그는 우리 세대가 '인문주의 시대'의 문턱에 와 있다고 여겼다.

'수학의 시대'와 '전자 시대', 그리고 '우주 시대'는 늘 듣는 소리이다. 이것들은 모두 매력적인 문구들이지만 우리 시대에 일어나고 있는 일의 진정한 본질을 반영하지는 않는다. 세상은 지금 인문주의 시대에 접어들고 있다. 이 사실이 중요한 것이다.

우리는 그 어느 때보다도 우리가 인간의 영혼에 어떻게 기여하고 있는 것인지 생각해봐야만 한다. 나는 대다수의 학생들이 중등교육을 끝마치면 인문학 교육도 마친다는 사실에 걱정이 많다. 젊은 이들에게는 광범위한 인도주의 교육이 필요하다. 즉 정서와 예술교육, 감수성과 섬세함을 키우는 교육, 인상 깊은 자연에 대한 교육, 민감하고 따뜻한 마음교육이 필요하다.[226]

인도주의 교육의 역할에 따른 이러한 우려는 많은 교육자들의 가슴에 큰 울림을 주었다. 제임스 보웬은 자신의 서양교육사 연구 결론 부분에 이렇게 썼다.

교육 그 자체에 대한 급진적인 대안을 개발하는 것은 본질적으로 실현가능해 보이지 않는다. 하지만 우리는 전자 분야에서 일어나는 발전처럼 반드시 수업과 학습에 대한 전략을 계속 발전시켜 나갈 것이다. 물론 교육과정은 필요와 지식의 변화에 계속 대응할 것이다. 우리는 행정, 학생 평가, 지원 체계의 모든 측면을 지속적으로 개선해야 한다. 그러나 이러한 개선을 위해서 교육과정은 사회가 시작된 이래 그 중심 목적을 견지해야 한다. 이를테면 새로운 세대를 인간답게 길러내는 것. … 교육은 진정으로 인간다운 인간을 길러내겠다는 유토피아적 열망을 유지해야 한다.[227]

같은 책에서 보웬은 페스탈로치와 프뢰벨의 저서에 등장하는 자연스러운 전인교육 방식이 19세기 중반 어느 시점에서 전복되었다고 주장했다. 그리고 그 이후로 사회와 교육의 발달은 '실증주의와 착취적 방식에 지배당했다'는 견해를 보였다.[228] 현재의 사회 분위기 속에서 우리는 교육의 인문주의 이상이 '경제 합리주의', 상업주의, 지독한 물질 만능주의 정신에 포위당했다고 말할 수 있다. 심지어 교육체계 내에서도 말이다.

교육적 사안들에 대한 결정은 윤리적 기준보다는 대개 경제적 기준, 즉 경제의 필요에 따라 정당화되는 교육에 대한 투자를 바탕으로 이루어진다. 우리 사회의 '이상적인 문화'가 무엇이든, 그 '실제 문화'는 자본주의와 소비주의 정신에 의해 지배된다. 이러한 분위기 속에서 인문학은 경제적 의미에서 자신의 존재를 정당화할 수 없는 위협을 받고 있다.

앨런 블룸은 1987년 미국 교육에 대한 자신의 분석 결과를 발표해 문화유산의 맥이 끊어질 위험과 광범위하게 퍼진 타락한 대중문화에 대해 사람들의 이목을 집중시켰다. 그는 서구 자유주의 전통의 일관성이 사라지고 있으며, 교육자들이 그 전통의 윤리적 핵심을 잃어버려 이러한 도덕적 규범에 대한 혐오감을 키웠다고 주장했다. 그러면서 인문학의 위태로운 상황에 대해 한탄했다.

인문학은 아주 오래된 파리의 벼룩시장과 같다. 이곳에서 안목 있는 사람들은 산더미 같이 쌓인 오래된 물건 속에서 자신들을 부자로 만들어줄 버려진 보물들을 찾아낸다. 그게 아니라면, 인문학은 비호의적 정권에 의해 나라와 직장에서 쫓겨난 천재들이 할일 없이 빈둥거리거나 하찮은 일을 하는 난민 캠프처럼 보인다.[229]

수호믈린스키의 교육성과에 대한 연구는 페스탈로치의 노력으로 알려진 전인주의 정신으로 우리를 다시 이끌 수 있다. 또한 보웰이 교육의 중심 목적으로 정의한 '새로운 세대의 인간화'가 무엇인지 설명할 수도 있다.

수호믈린스키에 대한 가르트만의 박사논문 연구 주제는 '사람 만들기' 대 '상품 만들기'였다. 자본주의 사회나 소련의 모든 산업사회에서 인간은 그들이 물질 발달의 과제에 종속되어 있다는 사실을 알았다. 수호믈린스키는 궁극적인 가치가 곧 인간이고, 모든 자원이 인간 계발에 쓰이는 사회를 꿈꾸었다. 이렇게만 된다면 모든 사회 구성원은 하늘에 떠 있는 헤아릴 수 없이 많은 별들처럼 빛날 것이라 생각했다. 이것이 바로 '모든 사람은 교육학을 공부해야 한다'는 그의 주장을 우리가 귀담아들어야 하는 이유이다. 즉 사회 전체가 교육적 지향을 가지고 있어야 했다.

교육목표에 있어 수호믈린스키는 서구 교육자들과 어떤 공통점을 가지고 있었을까? 대부분의 인문주의 교육자들이 공감할 만한 몇 가지 목표를 제시하자면 다음과 같다. 교사 개인적인 차원에서는 학생들이 건강과 활력, 자기 수양, 인성 도야, 동료에 대한 공감, 삶에 대한 경외심, 지식에 대한 갈망을 습득하길 바랄 것이다. 그리고 미래 세대를 위한 자연자원의 보존에 있어서 학생들이 사회적 양심과 관심을 갖기를 바랄 것이다. 또한 학생 각자가 교육과정에서 공동체에 봉사하고 자아실현을 이룰 수 있는 천직을 발견하길 희망할 것이다. 수호믈린스키의 교육 유산에는 이러한 모든 문제와 관련해 교사들이 찾는 유용한 자료가 담겨 있다.

수호믈린스키의 전인교육 방식에서 거론된 몇 가지 쟁점들을 살펴보자. 모든 개인적 성장의 토대로서 학생들의 건강에 기울인 그의 지대한 관심과 목표를 이루기 위한 철두철미함은 충분히 살펴볼 만한 가치가 있다. 특히 그의 신체교육 방식은 다른 교육자들도 눈여겨볼 만한 여러 특징들을 가지고 있다. 우선 미취학 아동을 대상으로 한 의료검진, 균형 잡힌 식단과 운동, 아동의 일과에 대한 조언을 학부모들에게 제공한 점이다. 또한 건강한 환경(학교와 가정에 조성되어 있던 야외 학습공간을 포함)을 만들고 야외활동의 기회를 많이 주고, 학생들의 자세는 물론 각 개인의 신체 조건에 맞는 책상과 의자를 제공한 것도 그의 교육방식의 특징이다.

교육과정에서는 지적 에너지를 많이 써야 하는 과목들을 학생들의 머리가 맑은 오전에 하도록 수업시간표를 짰다. 숙제도 저녁보다 아침에 하도록 권장했다. 그리고 수호믈린스키는 학교 운동장과 주변을 둘러싼 초목의 양과 수종에 대해서도 세심한 배려를 아끼지 않았다. 알레르기와 천식으로 고통받는 아이들의 건강에 도움이 될 수 있도록 '피톤치드'를 내뿜는 나무들을 심은 것이다. 이러한 수호믈린스키의 노력을 볼 때, 그가 생각한 '건강'은 단순히 질병이 없는 상태가 아니라 낙관적이고 창조적인 삶의 방식을 유지할 수 있는 에너지가 충만한 상태라는 것을 짐작할 수 있다.

수호믈린스키 전인교육의 또 다른 특징은 도덕과 미적 맥락에 우선순위를 둔 것이다. 지적 발달과 직업훈련 모두 이 맥락에서 이루어졌다. 수호믈린스키는 그 누구도 낙오되지 않는 인간 발달에 대한 이상을 보여주고 있다. 모든 학생이 다른 사람에 대한 공감능력 계발과 봉사 구현을 위한 도덕적 성장의 잠재력을 지니고 있다고 보기 때문이다. 이 모든 것은 최적의 교육환경을 만드는 것과 관련이 있다.

수호믈린스키가 고취시킨 집단적 노력의 정신은 불가피한 희생자들을 양산하는 현재 우리의 경쟁 체제와는 극명한 대조를 이룬다. 수호믈린스키를 움직이게 한 것은 학업 과정에서 소외되는 사람이 있어서는 안 된다는 깊은 우려 때문이었다. 그는 교육이야말로 의학과 마찬가지로 가장 인도적인 소명이라고 생각했다.

수호믈린스키의 교육방식에서 또 다른 핵심적 특징은 학생들에게 다양한 특별활동을 제공한 것이다. 세계 우수한 학교들의 사례들은 학교 동아리와 사회를 통해 제공되는 특별활동이 학교생활에 필수적이며, 매우 가치 있는 부분을 채울 수 있다는 그의 견해를 뒷받침한다. 학생들은 연극, 학교신문, 기술 등 다양한 동아리 활동을 통해 자신만의 특별한 재능을 발견할 수 있는 기회를 얻는다.

모든 교육적 이상은 개인과 사회발전의 이상에 기초하며, 교육은 인간화와 사회화 기능을 모두 가지고 있다. 개인의 성장이 통합되고 조화를 이루려면 교육철학에 내재된 개인과 사회발전의 이상은 서로 보완되고 조화를 이루어야 한다. 보웬은 '교육, 그리고 학교는 훨씬 더 넓은 사회적, 정치적 과정의 일부이다'라고 주장했으며,[230] 프라이스는 '교육에서 학업이 차지하는 부분은 크지 않고 오히려 가족, 매체, 일반 문화환경이 훨씬 큰 세계를 이루고 있다'고 주장했다.[231] 수호믈린스키의 무의식적인 교육적 영향과 부조화에 대한 개념은 이런 맥락과 관련이 있다.

수호믈린스키의 교육성과에 내제된 사회발전의 이상은 플라톤의 《국가론》과 토머스 모어의 《유토피아》에서 그 기원을 찾을 수 있다. 사실 구소련 사회와 소련 붕괴 후의 사회, 그리고 자본주의 사회 모두 수호믈린스키의 교육이상을 실행하는 데 적합한 환경을 제공하지는 못했다. 도시의 산업사회는 수호믈린스키가 근무했던 시골 마을보다 훨씬 더 비인간적이었고, 공동체 의식과 자연과의 일체감 역시 거의 사라지고 없었다. 이러한 상실감을 맛본 적이 있는 사람이라면 수호믈린스키의 교육성과가 상당히 매력적으로 느껴질 것이다.

수호믈린스키의 전인교육 방식의 도덕적 핵심은 자비로운 마음의 실천이다. 이러한 이상은 복음서와 로마인들에게 보낸 바울의 서신에서 발견되는 사랑과 자비의 기독교 이상과 매우 가깝다. 우리가 이러한 '이상적인 문화'의 핵심 요소를 무시하고자 하는 것이 아니라면, 인도적인 방식을 실천하도록 젊은이들을 교육하는 모든 실용적 방법에 관심을 가져야 한다.

카발렙스키는 수호믈린스키만큼 도덕교육과 예술교육을 강력하면서도 광범위하게 결합한 교육자는 알지 못한다고 말했다. '교사는 예술가가 되어야 한다'는 말은 교육은 과학을 바탕으로 한 예술이라는 아모나슈비리의 주장을 떠올리게 한다. 2000년 기독교 문명은 복지 측면에서 굉장히 진일보한 것처럼 보이나 진정으로 자비로운 사회를 만들지는 못했다. 여기서 부족한 부분을 찾자면 아마도 충분한 심리학적 통찰력을 바탕으로 한 인도주의적 교육방법론이 아닐까 싶다.

루소의 영향의 받은 페스탈로치는 인도주의적 교육방법론을 개발하는 쪽으로 나아갔다. 그리고 수호믈린스키 역시 이 전통의 연장선상에 놓인 것처럼 보인다. 두 사람의 교육방법을 연구할 때, 이들 모두 학생들의 상상력과 창의성 계발에 중점을 두었다는 사실에 주목할 필요가 있다. 또한 실패라는 공포감에서 학생들을 해방시키고, 학생들 저마다의 잠재성을 발현시켜 준 점을 눈여겨봐야 한다. 지적 발달은 바로 이러한 전인적 기틀 안에서 일어난다.

또한 수호믈린스키의 교육이상은 미국의 교육사상가 존 듀이와 유사한 점이 많다. 수호믈린스키는 1918년에 태어나 1970년에 생을 마감했고, 듀이는 1859년에 출생하여 1952년에 사망했다. 즉 두 사람은 1918년부터 1952년까지 동시대를 살았다. 수호믈린스키는 1942년 전투에서 심한 부상을 입고 고향으로 돌아와 5개월이 지난 뒤 우바의 한 중등학교에서 교장으로 근무한다. 이 시기는《민주주의와 교육》을 비롯한 듀이의 대표 저작물들이 출간된 후였다. 수호믈린스키가 듀이를 직접 언급하고 있지 않지만, 학생과 학교에 대한 생각, 이론과 실천에 대한 견해들을 살펴보면 듀이와 유사한 측면이 꽤 많이 발견된다. 그가 저서에서 듀이를 언급하지 않은 까닭은 당시 미소 냉전의 긴장된 분위기 속에서 서구 학자의 글을 인용하는 것이 엄격히 제한되었기 때문으로 추측된다.

파블리시 학교에서 시행된 다양한 실천 역시 듀이의 실험학교 운영과 유사한 점이 많다. 듀이가 자신의 교육이론을 적용하기 위하여 시카고대학교에 실험학교를 개설한 것은 1896년이었다. 이 실험학교는 1904년까지 운영되었는데, 그는 이곳에서 '학교의 사회화', '아동 중심의 교육'을 적용하였다. 듀이는 이 학교에 융통성 있는 조직 구성과 운영 방식을 도입하여 고정된 시간표 없이 아이들의 흥미를 고려한 학습 집단을 편성했다.

특히 듀이와 수호믈린스키가 강한 유사성을 보이는 대목은 '학습과 일'을 결합한 부분이다. 듀이는 목공, 재봉, 요리와 같은 생활에 필요한 교육활동을 중시했으며 이야기, 노래, 놀이 등을 결합한 경험과 실천 중심의 교육과정을 운영했다. 그것은 듀이가 강조했던 '성장이란 경험의 연속적인 재구성'이란 개념을 실현하기 위해 조직했던 교육과정 방식이었다. 아울러 아동의 욕구와 흥미를 외면하지 않은 것, 자발적 표현을 중시한 것 역시 수호믈린스키가 파블리시 학교에서 운영했던 교육과정과 매우 흡사하다.

파블리시 학교에서 교사들을 채용하고 관리할 때 교장의 선택권은 중요한 요소였다. 듀이 역시 실험학교를 운영하면서 교사들을 교육목표에 맞게 선별하고 배치하였다. 학교 리더에 의해 구성된 교직원은 공동의 목표를 가지고 '협력적 실천'을 통해 학교를 성장시켰다. 학교 리더와 구성원의 자율성과 책임성, 그리고 전문성이 학교의 협력적 실천에 있어 가장 기본적인 토대로 작용한다는 것은 두 학교의 운영에서 얻는 시사점이다.

두 사람의 활동 시기로 보아 수호믈린스키가 듀이의 영향을 받았다는 합리적 추론이 가능하지만, 그것을 밝히려는 시도는 그다지 의미 있어 보이지 않는다. 하지만 직접적으로 영향을 주고받지 않았다 해서 그들의 교육적 이상의 유사점을 우연으로 돌리는 것은 바람직하지 않다. 두 사람이 속한 국가의 성격이 판이하게 달랐음에도 교육적 이상 측면에서 왜 유사성이 발견되는가에 대한 연구는 필요하다. 사실 가르치는 자의 욕구보다 배우는 자의 흥미와 필요를 앞세우는 교육철학은 지식이 인식주체 외부에 독립하여 존재한다는 전통적 교육의 인식론을 전복하는 것이다. 이러한 지식관의 유사성으로 인해 두 사람은 직접적인 교류 없이도 지식을 사고하고 구성하는 방법에 있어 비슷한 실천을 보여주었다. 학교를 작은 사회로 생각하고 생활에 필요한 활동을 적극적으로 도입한 것은 교육을 바라보는 두 사람의 실용적 자세를 엿볼 수 있는 대목이다.

한편 듀이는 사회를 사고함에 있어 사회 구성원들의 관심사의 양과 관심을 공유하는 의사소통 방식에 비중을 두었는데, 이는 민주주의를 향유하는 주체가 특정 계층이 아닌 '시민'이어야 한다는 신념 때문이었다. 즉 개별적 자유보다는 평등에 무게를 둠으로써 보편적 교육을 이루고자 했다. 파블리시 학교의 실천은 겉으로 보기에는 '사회주의적 인간형의 육성'이란 포장지가 씌워져 있었지만 그곳에서 시행되었던 교육활동의 대부분은 집단보다 개인, 가르침보다 배움, 그리고 구체적 실천에 무게를 두었다는 점에서 듀이의 실천 방식과 매우 닮았다는 것을 알 수 있다. 듀이가 추구했던 '민주주의 사회의 주체인 시민'과 수호믈린스키가 기르고자 했던 '사회주의 혁명 일꾼'은 그 목표가 서로 달랐지만, 실천 방식에서는 강한 유사성을 보인 것이다. 이는 별도의 연구를 통하여 깊이 있게 들여다볼 부분이다.

그리고 무엇보다도 우리는 교사가 자신의 학생들에게 쏟는 사랑이 얼마나 중요한지를 주목해야 한다. 수호믈린스키는 톨스토이의 사상을 수용하면서 교사의 사랑이야말로 교육에 있어 가장 중요한 요소라고 주장했다. 이 주장은 오늘날 교사 채용과 훈련, 신입교사의 교육방법 등 대부분의 영역에서 지적인 요소만 강조하는 현실에 의문을 제기해야 한다는 것을 시사한다. 현재로서는 학업성취만이 일반적으로 교사훈련 과정에 입문하는 유일한 조건이다. 우수한 학업성취를 이룬 예비교사가 학교를 졸업하면 임용고시를 거쳐 학교에 발령을 받는다.

교육은 인간관계의 문제라고 해도 과언이 아니다. 따라서 타인의 처지에 공감하고 이해하는 능력이 교사훈련과 신입교사 교육과정에서 중요한 고려 대상이 되어야 한다. 그러기 위해서는 적어도 훈련을 시작하기 전에 상담과 수습교사 과정을 거쳐야 한다. 수호플린스키가 젊은 교사들과 함께 일했던 사례들을 살펴보면 훈련 과정에서 수습기간과 비슷한 시기가 있음을 알 수 있다. 또한 그는 훈련 기간 동안 교사의 의사소통 방식에 특히 집중했다. 수호플린스키는 아이들의 인성 발달에 있어서 교사가 사용하는 언어의 중요성을 지속적으로 강조했다.

우수한 교사들이 교실 밖으로 나와서 관리자 직책으로 승진하면서 그들의 재능을 낭비하는 경우가 많다. 이러한 점에서 수호플린스키의 경험은 우리에게 학교 교장의 역할에 대해 다시 생각해보게 한다. 만약 훈련받은 행정 보조 노동력이 제공된다면 교장은 계속해서 교육자로서 학생들을 가르칠 수 있을 것이다. 그뿐만 아니라 훌륭한 교수학습법으로 교사들을 훈련시킬 수도 있을 것이다.

수호플린스키는 자신의 경험을 통해 좋은 학교란 점진적인 발전 과정의 산물이며, 이 과정에서 교장은 교직원들의 협력을 이루어내고 헌신적인 교육방식을 이끌어내는 역할을 한다고 말한다. 하지만 이는 교장에게 교직원 임명에 대한 권한이 주어질 때, 그리고 파블리시 학교처럼 교직원들이 교장 임명에 대해 권리를 행사할 수 있을 때 촉진될 수 있다. 학부모들도 학교운영위원회를 통해 이 과정에 참여할 수 있다. 이러한 정책은 교장과 교직원들이 그러한 생각을 수용하는 선택된 학교에서만 시도할 수 있다.

수호믈린스키의 교육성과에서 많은 교육자들이 관심을 둔 또 다른 측면은 가정과 학교의 관계를 향상시키는 방식이다. 오늘날 대가족의 붕괴는 가정의 잦은 이사와 더불어 학부모들이 상대적 고립감 속에서 자녀들을 양육하는 결과를 가져왔다. 이는 자녀교육 문제에 있어 동일한 경험을 겪은 다른 부모들과의 만남 또한 거의 이루어지지 않는다는 의미이기도 하다. 그런 점에서 수호믈린스키가 아이들의 건강과 일과에 대해 학부모들에게 조언을 제공한 점은 현시점에서도 그 의의가 크다.

한편 수호믈린스키와 혁신적인 교사들이 이룬 성과물에서 거론되는 흥미로운 쟁점이 있다. 그것은 현직교사들이 수행하는 교육연구의 중요성이다. 교사들은 연구활동을 통해 결정적인 역할을 할 수 있다. 에벨리나 오르테자 Y. 미란다는 교사들이 결정적인 역할을 할 수 있는 '실용적인 응용연구'가 필요하다고 주장했다. 왜냐하면 교실이나 학교에서 이루어지는 활동은 모두 사회와 연결되어 있으며, 단 하나의 과목이나 사고의 틀로 아우르기에는 너무나 복잡하기 때문이다.[232]

그녀는 또한 '실용적인 응용연구'는 오로지 교사들이 교육과정 속에서 자유롭게 비평하고 결정을 내릴 수 있는 적극적인 주체로 존중받을 때 촉진된다고 주장했다.

실용적인 응용연구에 의해 촉진된 연구센터, 교육대학, 그리고 학교에서 요구하는 관계의 성격은 공동의 관심사를 가지고 함께 일하는 연구자 공동체라고 할 수 있다. 이것은 현직교사들의 역할을 교육대학이나 기타 기관들의 종속적 위치가 아니라 교육목표와 목적, 학교정책의 결정과 개발, 그리고 교과 흥미에 대한 탐구에 있어서 적극적으로 협력하는 데 둔다.[233]

수호믈린스키는 교사로서도 매우 책임감 있고 창조적인 방식으로 일했다는 점에서 훌륭한 본보기라고 할 수 있다. 그는 각 개인에게 창조적이고 생명을 유지할 수 있는 힘을 기르고 진정으로 인간미 넘치는 사회를 건설하도록 요구하고 있다. 수호믈린스키의 교육성과가 갖는 의의는 깊은 도덕적 욕구와 유토피아적 시각, 그리고 실용적인 방법들에 있다. 여기에서 말하는 실용적 방법들은 보편적인 인문주의적 이상을 실현하려는 시도를 거치며 발전한 것이다. 보웬은 그의 저서 《서양교육사》를 이렇게 끝맺고 있다.

앞으로의 과제는 자연보다 인간이 우위라는 이론, 즉 외부 세계를 착취의 대상으로 보는 19세기 산업 자본주의의 지속적이고 파괴적인 원칙에서 벗어나는 것이다. … 우리가 앞으로 나아가야 할 길은 인류의 전체성이 자연의 일부라는 인식을 바탕으로 재건설되고 있는 로버트 오언의 '새로운 도덕적 세상'이라는 미래상을 실현하는 것이다. 따라서 진정으로 인간미 넘치는 세상을 만들기 위해서는 지식과 도덕의 새로운 통합 이론을 개발해야 한다. 이것이야말로 우리가 교육에 부여할 수 있는 가장 차원 높은 목적이다.[234]

수호믈린스키의 교육성과에 대한 관심이 세계 여러 나라에서 점점 커지고 있다. 이러한 흐름에 발맞춰 수호믈린스키의 교육사상을 평가하고 이를 널리 알리는 데 전념하는 국제협회가 1990년에 만들어졌다.[235] 협회 주관으로 매년 열리는 학회에는 이전 동구권 국가들뿐만 아니라 독일, 그리스, 중국, 일본의 학자들도 참석하고 있다. 협회 본부는 독일의 마르부르크에 위치해 있는데, 이 지역에 있는 수호믈린스키의 이름을 딴 학교에서 그의 교육철학을 실천하려는 시도가 이루어졌다. 또한 그리스에 있는 한 실험적 유치원 역시 그의 사상을 실천하고 있다.

1993년 10월에 국제수호믈린스키협회가 주관하는 학회가 키예프와 파블리시에서 열렸다. 학회의 주제는 '유럽 교육과 현대 인문주의 교육자, 바실리 수호믈린스키'였다. 미국의 경우 오리건에 있는 메드포드교육 국제연맹에서 수호믈린스키의 사상을 연구하고 있는데, 이 기관은 학교에 보급할 교육모델의 근간으로 그의 사상을 활용하고 있다.

만약 수호믈린스키의 사상을 좀 더 심층적으로 연구하고자 한다면 파블리시 학교를 방문하거나 국제수호믈린스키협회의 자료들을 살펴보는 게 도움이 될 것이다. 특히 자연에서 이루어진 수호믈린스키의 '사고하는 수업'에 대한 실천방법론은 좀 더 상세히 연구할 만한 가치가 있다.

책에 교육과 관련한 어떤 내용이 담겨 있든, 모든 교사는 현장 경험을 통해 교수법을 발전시켜야 한다. 수호믈린스키와 다른 헌신적인 교육자들이 저술한 책들의 가치는 교사들을 창조적인 과정으로 인도하는 창문과 같은 역할을 하는 데 있다. 이러한 저작물들은 많은 교사들이 일하는 과정에서 겪을 수 있는 고립을 무너뜨리도록 도와준다. 그리고 수호믈린스키의 말을 빌리자면 모든 직업 가운데 가장 요구 사항이 많은 교육자의 길에 든든한 후원자가 되어준다.

주(註)

1 *"Serdtse otdaiu detiam"-Rekomendatel'nyi ukazatel' literatury o zhizni i tvorchestve*, V.A. Sukhomlinskogo, Moscow, 1984, pp. 24, 25.

2 참고: V.A. Sukhomlinsky, Metodika vospitaniia kollecktiva, *Izbrannye proizvedeniia v piati tomakh*, Kiev, Radianska shkola, 1979-80, Vol. 1, p.618.

3 V.A. Sukhomlinsky, "Sto sovetov uchiteliu", *Izbrannye proizvedeniia v piati tomakh*, Kiev, Radianska shkola, 1979-80, Vol. 2, p. 451.

4 인용: K. Grigoriev, B. Khandros, *Pavlysh-prodolzhenie legendy*, Moscow, Znanie, 1976, p. 13.

5 참고: V.A. Sukhomlinsky, "Pavlyshskaia sredniaia shkola", *Izbrannye pedagogicheskie sochineniia v trekh tomakh*, Moscow, Pedagogika, 1979-81, Vol. 2, pp. 71-2.

6 V.A. Sukhomlinsky, "Pavlyshskaia sredniaia shkola", *Izbrannye proizvedeniia v piati tomakh*, Kiev, Radianska shkola, 1979-80, Vol. 4, p. 40.

7 앞의 책과 같음. p. 41

8 앞의 책과 같음.

9 참고: A.M. Borisovsky, *V.A. Sukhomlinsky*, Moscow, Prosveshchenie, 1985, pp. 36-7.

10 V.A. Sukhomlinsky, *Direktor shkoly-rukovoditel uchebno-vospitatel'noi raboty*, Dissertation for the degree of Candidate of Pedagogical Sciences, Kiev, 1955.

11 V.A. Sukhomlinsky, "Serdtse otdaiu detiam", *Izbrannye proizvedeniia v piati tomakh*, Kiev, Radianska shkola, 1979-80, Vol. 3, p. 13.

12 S. Soloveichik, Vospitanie, vospitatel', *O vospitanii*, 6th edition, Moscow, Politizdat, 1988, p. 9.

13 참고: V.A. Sukhomlinsky, *Izbrannye pedagogicheskie sochineniia v trekh tomakh*, *Izbrannye pedagogicheskie sochineniia v trekh tomakh*, Moscow, Pedagogika, 1979-81, Vol. 3, pp. 395-578[also published as V.A. Sukhomlinsky, *Mudrost' roditel'skoi liubvi*, Moscow, Molodaia gvardiia, 1988.]

14 앞의 책과 같음. p. 401

15 참고: I.V. Grebennikov, L.V. Kovin'ko(compilers), *Krestomatiia po etike i psikhologii semeinoi zhizni*, Moscow, Prosveshchenie, 1986.

16 인용: S. Soloveichik, "Rasskazyvaite o Sukhomlinskom", *Yunos*, 1971, No. 3, p. 84.

17 앞의 책과 같음 p. 85.

18 V.A. Sukhomlinsky, "Pavlyshskaia sredniaia shkol", *Izbrannye proizvedeniia v piati tomakh*, Kiev, Radianska shkola, 1979-80, Vol. 4, p. 7.

19 앞의 책과 같음. p. 144

20 V.A. Sukhomlinsky, "Pavlyshskaia sredniaia shkola", *Izbrannye pedagogicheskie sochineniia v trekh tomakh*, Moscow, Pedagogika, 1979-81, Vol. 1, p. 235.

21 참고: V.A. Sukhomlinsky, "Problemy vospitaniia vsestoronne razvitoi lichnosti", *Izbrannye proizvedeniia v piati tomakh*, Kiev, Radianska shkola, 1979-80, Vol.1, p. 77.

22 이 학교는 호주에 600명의 학생을 수용할 수 있는 규모로 세워졌다. 학교 건물은 직원들이 채택한 교육철학에 따라 '개방 계획' 원칙에 기초하여 설계되었다. 그러나 불행히도 건물이 완성되었을 때쯤 직원들이 교체되었고 대부분의 교사들은 학교 건물을 골칫거리로 여겼다.

23 V.A. Sukhomlinsky, "Serdtse otdaiu detiam", *Izbrannye proizvedeniia v piati tomakh*, Kiev, Radianska shkola, 1979-80, Vol. 3, p. 13.

24 앞의 책과 같음. p. 53.

25 앞의 책과 같음. p. 77.

26 앞의 책과 같음. p. 71.

27 앞의 책과 같음. p. 78.

28 앞의 책과 같음.

29 앞의 책과 같음. p. 54.

30 앞의 책과 같음. p. 70.

31 V.A. Sukhomlinsky, "Pavlyshskaia sredniaia shkola", *Izbrannye proizvedeniia v piati tomakh*, Kiev, Radianska shkola, 1979-80, Vol. 4, p. 53.

32 앞의 책과 같음. pp. 55/56.

33 앞의 책과 같음. p. 342.

34 앞의 책과 같음. p. 45.

35 V.A. Sukhomlinsky, "Rozhdenie grazhdanina", *Izbrannye pedagogicheskie sochineniia v trekh tomakh*, Moscow, Pedagogika, 1979-81, Vol. 1, p. 287.

36 앞의 책과 같음. p. 281.

37 앞의 책과 같음. p. 282/283.

38 앞의 책과 같음. p. 283.

39 앞의 책과 같음.

40 V.A. Sukhomlinsky, "Pavlyshskaia sredniaia shkola", *Izbrannye proizvedeniia v piati tomakh*, Kiev, Radianska shkola, 1979-80, Vol. 4, p. 96.

41 앞의 책과 같음. p. 95.

42 V.A. Sukhomlinsky, "Pavlyshskaia sredniaia shkola", *Izbrannye proizvedeniia v piati tomakh*, Kiev, Radianska shkola, 1979-80, Vol. 4, V.A. Sukhomlinsky, p. 96.

43 앞의 책과 같음. p. 117.

44 앞의 책과 같음. p. 120.

45 V.A. 수호믈린스키, 《아이들에게 온 마음을》, 수호믈린스키교육사상연구회 옮김, 고인돌, 2013, p. 57.

46 앞의 책과 같음. p. 74.

47 V.A. 수호믈린스키, 《선생님들에게 드리는 100가지 제안》, 수호믈린스키교육사상연구회 옮김, 고인돌, 2010, p. 23.

48 앞의 책과 같음. p. 24.

49 앞의 책과 같음. P. 109.

50 앞의 책과 같음. p. 279-280.

51 V.A. Sukhomlinsky, "Problemy vospitaniia vsestoronne razvitoi lichnosti", *Izbrannye proizvedeniia v piati tomakh*, Kiev, Radianska shkola, 1979-80, Vol. 1, p. 78.

52 V.A. Sukhomlinsky, *Pis'ma k synu*, 2nd edition, Moscow, Prosveshchenie, 1987, p. 116

53 앞의 책과 같음. p. 117.

54 앞의 책과 같음, p. 118-119.

55 앞의 책과 같음. p. 117.

56 앞의 책과 같음. p. 10.

57 앞의 책과 같음. p. 12.

58 V.A. Sukhomlinsky, "Pavlyshskaia sredniaia shkola", *Izbrannye proizvedeniia v piati tomakh*, Kiev, Radianska shkola, 1979-80, Vol. 4, p.13.

59 앞의 책과 같음. p. 19.

60 앞의 책과 같음. p. 25.

61 앞의 책과 같음. p. 15.

62 앞의 책과 같음. p. 29.

63 앞의 책과 같음. pp. 340/341.

64 앞의 책과 같음. p. 178.

65 앞의 책과 같음. p. 175.

66 앞의 책과 같음. pp. 153-158.

67 앞와 책과 같음. p. 156.

68 V.A. Sukhomlinsky, "Kak vospitat' nastoiashchego cheloveka", *Izbrannye proizvedeniia v piati tomakh*, Kiev, Radianska shkola, 1979-80, Vol. 2, p. 162.

69 V.A. Sukhomlinsky, "Pavlyshskaia sredniaia shkola", *Izbrannye proizvedeniia v piati tomakh*, Kiev, Radianska shkola, 1979-80, Vol. 4, p. 183.

70 앞의 책과 같음. p. 163.

71 앞의 책과 같음. p. 164.

72 앞의 책과 같음. p. 199.

73 앞의 책과 같음. p. 179.

74 앞의 책과 같음. p. 208.

75 앞의 책과 같음. pp. 201-209.

76 앞의 책과 같음. p. 210.

77 앞의 책과 같음. p. 213.

78 앞의 책과 같음. p. 212.

79 V.A. Sukhomlinsky, "Roditel'skaia pedagogika", *Izbrannye pedagogicheskie sochineniia v trekh tomakh*, Moscow, Pedagogika, 1979-81, Vol. 3, p. 405.

80 앞의 책과 같음. p. 411.

81 앞의 책과 같음.

82 Dunstan's article in Avis, G., ed., *The Making of the Soviet Citizen*, London: Croom Helm, 1987, p. 67.

83 V.A. Sukhomlinsky, "Pavlyshskaia sredniaia shkola", *Izbrannye proizvedeniia v piati tomakh*, Kiev, Radianska shkola, 1979-80, Vol. 4, p. 306.

84 V.A. Sukhomlinsky, *Pis'ma k synu*, 2nd edition, Moscow, Prosveshchenie, 1987, p. 116

85 앞의 책과 같음.

86 앞의 책과 같음.

87 V.A. 수호믈린스키,《아이들에게 온 마음을》, 수호믈린스키교육사상연구회 옮김, 고인돌, 2013, p. 194.

88 앞의 책과 같음. p. 207.

89 V.A. 수호믈린스키,《선생님들에게 드리는 100가지 제안》, 수호믈린스키교육사상연구회 옮김, 고인돌, 2010, p. 155.

90 앞의 책과 같음. p.319-322.

91 V.A. Sukhomlinsky, "Pavlyshskaia sredniaia shkola", *Izbrannye proizvedeniia v piati tomakh*, Kiev, Radianska shkola, 1979-80, Vol. 4, p. 147.

92 앞의 책과 같음.

93 앞의 책과 같음. p. 141.

94 앞의 책과 같음.

95 V.A. Sukhomlinsky, "Pavlyshskaia sredniaia shkola", *Izbrannye proizvedeniia v piati tomakh*, Kiev, Radianska shkola, 1979-80, Vol. 4, p. 148.

96 앞의 책과 같음. pp. 132-146.

97 앞의 책과 같음. p. 133.

98 V.A. Sukhomlinsky, "Pavlyshskaia sredniaia shkola", *Izbrannye proizvedeniia v piati tomakh*, Kiev, Radianska shkola, 1979-80, Vol. 4, p. 247.

99 앞의 책과 같음. p. 215.

100 앞의 책과 같음. p. 214.

101 앞의 책과 같음. p. 217.

102 V.A. Sukhomlinsky, "Pavlyshskaia sredniaia shkola", *Izbrannye proizvedeniia v piati tomakh*, Kiev, Radianska shkola, 1979-80, Vol. 4, p. 230.

103 V.A. Sukhomlinsky, "Pavlyshskaia sredniaia shkola", *Izbrannye proizvedeniia v piati tomakh*, Kiev, Radianska shkola, 1979-80, Vol. 4, p. 222.

104 V.A. Sukhomlinsky, "Serdtse otdaiu detiam", *Izbrannye proizvedeniia v piati tomakh*, Kiev, Radianska shkola, 1979-80, Vol. 3, p. 84.

105 앞의 책과 같음. pp. 81/82.

106 앞의 책과 같음. pp. 84/85.

107 앞의 책과 같음. pp. 86/87.

108 참고: V.A. Sukhomlinsky, "Rozhdenie grazhdanina", *Izbrannye pedagogicheskie sochineniia v trekh tomakh*, Moscow, Pedagogika, 1979-81, Vol. 1, p. 468.

109 V.A. Sukhomlinsky, "Pavlyshskaia sredniaia shkola", *Izbrannye proizvedeniia v piati tomakh*, Kiev, Radianska shkola, 1979-80, Vol. 4, p. 181.

110 V.A. Sukhomlinsky, "Serdtse otdaiu detiam", *Izbrannye proizvedeniia v piati tomakh*, Moscow, Pedagogika, 1979-81, Vol. 1, p. 49.

111 앞의 책과 같음. p. 50.

112 앞의 책과 같음. p. 60.

113 V.A. Sukhomlinsky, "Pavlyshskaia sredniaia shkola", *Izbrannye proizvedeniia v piati tomakh*, Kiev, Radianska shkola, 1979-80, Vol. 4, p. 256.

114 앞의 책과 같음. p. 299.

115 참조: S. Soloveichik, Vospitanie, vospitatel", *O vospitanii*, 6th edition, Moscow, Politizdat, 1988,pp. 66-73.

116 V.A. Sukhomlinsky, "Pavlyshskaia sredniaia shkola", *Izbrannye proizvedeniia v piati tomakh*, Kiev, Radianska shkola, 1979-80, Vol. 4, p. 315.

117 R.F. Price, "How is the Study of the USSR and China Relevant to Australia?", *Problems and Prospects for Comparative and International Studies in Education in Australia*, LaTrobe University, Melbourne, 1977, pp.56-57. 추가 참고: R.F. Price, *Marx and Education in Russia and China*, London, Croom Helm, 1977, pp. 184-203.

118 Marx and Education in Russia and China, pp. 11-22.

119 V.A. Sukhomlinsky, "Pavlyshskaia sredniaia shkola", *Izbrannye proizvedeniia v piati tomakh*, Kiev, Radianska shkola, 1979-80, Vol. 4, p. 317/318.

120 앞의 책과 같음. p. 364.

121 앞의 책과 같음. p. 365.

122 앞의 책과 같음. p. 368

123 앞의 책과 같음. p. 321.

124 앞의 책과 같음. p. 377.

125 앞의 책과 같음. p. 324.

126 V.A. Sukhomlinsky, "Pavlyshskaia sredniaia shkola", *Izbrannye proizvedeniia v piati tomakh*, Kiev, Radianska shkola, 1979-80, Vol. 4, p. 358/359.

127 V.A. Sukhomlinsky, "Pavlyshskaia sredniaia shkola", *Izbrannye proizvedeniia v piati tomakh*, Kiev, Radianska shkola, 1979-80, Vol. 4, p. 360-362.

128 앞의 책과 같음. p. 396.

129 앞의 책과 같음. p. 405.

130 앞의 책과 같음. p. 406.

131 앞의 책과 같음. p. 392.

132 앞의 책과 같음. p. 387.

133 앞의 책과 같음. p. 394.

134 앞의 책과 같음. p. 387.

135 앞의 책과 같음. p. 403.

136 앞의 책과 같음. p. 401.

137 Dm. Kabalevsky, "Bol'shoi rezerv v pedagogicheskom arsenale", 1977, No. 13, p. 91.

138 V.A. Sukhomlinsky, "Serdtse otdaiu detiam", *Izbrannye proizvedeniia v piati tomakh*, Moscow, Pedagogika, 1979-81, Vol. 1, p. 76.

139 V.A. Sukhomlinsky, "Pavlyshskaia sredniaia shkola", *Izbrannye proizvedeniia v piati tomakh*, Kiev, Radianska shkola, 1979-80, Vol. 4, p. 405.

140 앞의 책과 같음. p. 408.

141 앞의 책과 같음. p. 405.

142 앞의 책과 같음. p. 408

143 V.A. 수호믈린스키, 《아이들에게 온 마음을》, 수호믈린스키교육사상연구회 옮김, 고인돌, 2013, p. 194.

144 앞의 책과 같음. p. 195.

145 앞의 책과 같음. p. 199.

146 V.A. 수호믈린스키, 《선생님들에게 드리는 100가지 제안》, 수호믈린스키교육사상연구회 옮김, 고인돌, 2010, p. 319.

147 V.A. Sukhomlinsky, "Serdtse otdaiu detiam", *Izbrannye proizvedeniia v piati tomakh*, Moscow, Pedagogika, 1979-81, Vol. 1, p. 73.

148 V.A. Sukhomlinsky, "Kak liubit' dete", *Izbrannye proizvedeniia v piati tomakh*, Kiev, Radianska shkola, 1979-80, Vol. 5, p. 316.

149 참고: V.A. Sukhomlinsky, "Rozhdenie grazhdanina", *Izbrannye pedagogicheskie sochineniia v trekh tomakh*, Moscow, Pedagogika, 1979-81, Vol. 1, p. 274.

150 V.A. Sukhomlinsky, "Sto sovetov uchiteliu", *Izbrannye proizvedeniia v piati tomakh*, Kiev, Radianska shkola, 1979-80, Vol. 2, p. 450.

151 참고: V.A. Sukhomlinsky, "Rozhdenie grazhdanina", *Izbrannye pedagogicheskie sochineniia v trekh tomakh*, Moscow, Pedagogika, 1979-81, Vol. 1, p. 427.

152 참고: B.S. Tartakovsky, Povest' *ob uchitele Sukhomlinskom*, Moscow, Molodaia gvardiia, 1972, p. 15.

153 참고: V.A. Sukhomlinsky, "Rozhdenie grazhdanina", *Izbrannye pedagogicheskie sochineniia v trekh tomakh*, Moscow, Pedagogika, 1979-81, Vol. 1, p. 273.

154 앞의 책과 같음. pp. 273/4.

155 V.A. Sukhomlinsky, "Serdtse otdaiu detiam", *Izbrannye proizvedeniia v piati tomakh*, Moscow, Pedagogika, 1979-81, Vol. 1, p. 30.

156 앞의 책과 같음. p. 79.

157 V.A. Sukhomlinsky, "Rozhdenie grazhdanina", *Izbrannye pedagogicheskie sochineniia v trekh tomakh*, Moscow, Pedagogika, 1979-81, Vol. 1, p. 493.

158 V.A. Sukhomlinsky, "Serdtse otdaiu detiam", *Izbrannye proizvedeniia v piati tomakh*, Moscow, Pedagogika, 1979-81, Vol. 1, pp. 46-48(수호믈린스키의 수업 이야기)

159 앞의 책과 같음. p. 48.

160 앞의 책과 같음. p. 49.

161 L.N. Tolstoy, "Komu i kogo uchit'sia pisat', krestianskim rebiatam u nas ili nam u krestianskikh rebiat?", *Sobranie sochinenii v dvatsati dvukh tomakh*, Vol. 15, pp. 10-33.

162 V.A. Sukhomlinsky, "Serdtse otdaiu detiam", *Izbrannye proizvedeniia v piati tomakh*, Moscow, Pedagogika, 1979-81, Vol. 1, p. 73.

163 앞의 책과 같음. pp. 74/75.

164 앞의 책과 같음. p. 75.

165 앞의 책과 같음. p. 188.

166 앞의 책과 같음.

167 V.A. Sukhomlinsky, "Rozhdenie grazhdanina", *Izbrannye pedagogicheskie sochineniia v trekh tomakh*, Moscow, Pedagogika, 1979-81, Vol. 1, p. 487.

168 참고: Desmond Lee, *The Republic*, 2nd edition(revised), Penguin, 1987, pp. 129-165.

169 주목: 과거 이러한 이야기들은 조부모가 자주 손주들에게 들려준 것이었다. 현대 산업사회에서는 대가족이 붕괴되면서, 그 결과 손주들과 조부모의 관계가 약화되었다. 이것은 아이들을 양육하는 데 좋지 않은 정서적 영향을 끼쳤으며, 수호믈린스키는 이러한 부분을 우려했다.

170 V.A. Sukhomlinsky, "Rozhdenie grazhdanina", *Izbrannye pedagogicheskie sochineniia v*

trekh tomakh, Moscow, Pedagogika, 1979-81, Vol. 1, p. 513.

171 앞의 책과 같음. p. 514.

172 VV.A. Sukhomlinsky, "Serdtse otdaiu detiam", *Izbrannye proizvedeniia v piati tomakh*, Moscow, Pedagogika, 1979-81, Vol. 1, p. 95.

173 VV.A. Sukhomlinsky, "Pavlyshskaia sredniaia shkola", *Izbrannye pedagogicheskie sochineniia v trekh tomakh*, Moscow, Pedagogika, 1979-81, Vol. 2, p. 70. 참고: p. 64.

174 V.A. Sukhomlinsky, "Serdtse otdaiu detiam", *Izbrannye proizvedeniia v piati tomakh*, Moscow, Pedagogika, 1979-81, Vol. 1, pp. 69/70.

175 앞의 책과 같음. p. 233.

176 V.A. Sukhomlinsky, "Rozhdenie grazhdanina", *Izbrannye pedagogicheskie sochineniia v trekh tomakh*, Moscow, Pedagogika, 1979-81, Vol. 1, p. 279.

177 V.A. Sukhomlinsky, "Kak vospitat' nastoiashchego cheloveka", *Izbrannye proizvedeniia v piati tomakh*, Kiev, Radianska shkola, 1979-80, Vol. 2, pp. 228/229.

178 V.A. Sukhomlinsky, "Serdtse otdaiu detiam", *Izbrannye proizvedeniia v piati tomakh*, Moscow, Pedagogika, 1979-81, Vol. 1, p. 110.

179 참고: 과거에 호주의 몇몇 학교 연구에서도 이와 비슷한 수치가 나타났으며, 아주 적은 비용의 아침 급식이 학생들에게 제공되었다.

180 V.A. Sukhomlinsky, "Serdtse otdaiu detiam", *Izbrannye proizvedeniia v piati tomakh*, Moscow, Pedagogika, 1979-81, Vol. 1, p. 111.

181 앞의 책과 같음. p. 98.

182 앞의 책과 같음. pp. 101/102.

183 앞의 책과 같음. pp. 73/74.

184 앞의 책과 같음. p. 73.

185 앞의 책과 같음. p. 74.

186 앞의 책과 같음. p. 76.

187 앞의 책과 같음. p. 77.

188 앞의 책과 같음. p. 30.

189 V.A. Sukhomlinsky, "Pavlyshskaia sredniaia shkola", *Izbrannye pedagogicheskie sochineniia v trekh tomakh*, Moscow, Pedagogika, 1979-81, Vol. 2, p. 69.

190 V.A. Sukhomlinsky, "Kak liubit' dete", *Izbrannye proizvedeniia v piati tomakh*, Kiev, Radianska shkola, 1979-80, Vol. 5, p. 309.

191 앞의 책과 같음. p. 308.

192 앞의 책과 같음. p. 310.

193 앞의 책과 같음. p. 311.

194 앞의 책과 같음. p. 313.

195 앞의 책과 같음. p. 316.

196 앞의 책과 같음.

197 앞의 책과 같음. p. 318.

198 앞의 책과 같음. p. 317.

199 V.A. Sukhomlinsky, "Pavlyshskaia sredniaia shkola", *Izbrannye pedagogicheskie sochineniia v trekh tomakh*, Moscow, Pedagogika, 1979-81, Vol. 2, p. 47.

200 앞의 책과 같음. p. 76.

201 앞의 책과 같음. pp. 52-57.

202 앞의 책과 같음. pp 55/56 and note.

203 앞의 책과 같음. p 63.

204 V.A. Sukhomlinsky, "Kak vospitat' nastoiashchego cheloveka", *Izbrannye proizvedeniia v piati tomakh*, Kiev, Radianska shkola, 1979-80, Vol. 2, p. 182.

205 V.A. Sukhomlinsky, "Serdtse otdaiu detiam", *Izbrannye proizvedeniia v piati tomakh*, Moscow, Pedagogika, 1979-81, Vol. 1, p. 159.

206 S. Graham, The Way of Martha and the Way of Mary, NY, 1916, iii ff: [Joted in Billington, J.H., The Icon and the Axe, NY 1970, p. 651.]

207 참고: V.A. Sukhomlinsky, "Kak vospitat' nastoiashchego cheloveka", *Izbrannye proizvedeniia v piati tomakh*, Kiev, Radianska shkola, 1979-80, Vol. 2, p. 178-181.

208 앞의 책과 같음. 176.

209 V.A. Sukhomlinsky, *Rodina v serdtse*, Moscow, Molodaia gvardiia, 1978, p. 22.

210 이 주제에 대한 논의: Bertrand Russell, *Authority and the Individual*, London: Allen & Unwin, 1949.

211 V.A. Sukhomlinsky, "Kak vospitat' nastoiashchego cheloveka", *Izbrannye proizvedeniia v piati tomakh*, Kiev, Radianska shkola, 1979-80, Vol. 2, p. 197.

212 앞의 책과 같음. p. 198.

213 V.I. Malinin, "Sukhomlinsky on Makarenko: an uncompleted work, nezavershennyi trud", *Sovetskaia pedagogika*, 1990, No. 3, pp. 86/87.

214 V.A. Sukhomlinsky, "Serdtse otdaiu detiam", *Izbrannye proizvedeniia v piati tomakh*, Moscow, Pedagogika, 1979-81, Vol. 1, p. 161.

215 앞의 책과 같음.

216 참고: E.K. Andreeva, *Put'k noosfere. Printsipy vospitaniia cherez prirodu vshkole Sukhomlinskogo: Mladshie klassy*.

217 E.K. Andreeva, "Zelenyi mir", *Uchitel'skaia gazeta*, 1987, 5 September, p. 1.

218 V.A. Sukhomlinsky, "Kak vospitat' nastoiashchego cheloveka", *Izbrannye proizvedeniia v piati tomakh*, Kiev, Radianska shkola, 1979-80, Vol. 2, pp. 258/259.

219 V.A. 수호믈린스키, 《선생님들에게 드리는 100가지 제안》, 수호믈린스키교육사상연구회 옮김, 고인돌, 2013, p. 16.

220 앞의 책과 같음. p. 8-9.

221 앞의 책과 같음. p. 48.

222 앞의 책과 같음. p. 464.

223 앞의 책과 같음. p. 466.

224 앞의 책과 같음. p. 488.

225 V.A. Sukhomlinsky, *Pis'ma k synu*, 2nd edition, Moscow, Prosveshchenie, 1987, p. 53.

226 앞의 책과 같음. p.37.

227 J. Bowan, *A History of Western Education*, Vol. 3, London, Menthuen, 1983, p. 554.

228 앞의 책과 같음. p. 556.

229 A. Bloom, *The Closing of the American Mind* , New York: Simon and Schuster, 1987, p. 371.

230 J. Bowan, *A History of Western Education*, Vol. 3, London, Menthuen, 1983, p. 553.

231 R.F. Price, Marx and Education in Late Capitalism, Croon Helm, London, 1986.

232 E. Orteza y Miranda, "Broadening the Focus of Research in Education", *Journal of Research and Development in Education*, Vol. 22, No. 1, Fall 1988, p. 34.

233 앞의 책과 같음. p. 37.

234 J. Bowan, *A History of Western Education*, Vol. 3, London, Menthuen, 1983, p. 557/558.

235 참고: O. Sukhomlinskaia, "V.A. Sukhomlinsky v Oberkhauzene", *Sovetskaia pedagogika*, 1991, No. 4: 156-158 and O. Sukhomlinskaia, "Mezhdunarodnoe obshchestvo posledovatelei Sukhomlinskogo", Pedagogika(Moscow), 1993 1977.

바실리 수호믈린스키 아이들은 **한 명 한 명** 빛나야 한다

지은이 | 앨런 코커릴   옮기고 고쳐 쓴 이 | 함영기
펴낸이 | 곽미순   책임편집 | 박미화   디자인 | 김민서

펴낸곳 | ㈜도서출판 한울림   기획 | 이미혜   편집 | 윤도경 윤소라 이은파 박미화 김주연   디자인 | 김민서 이순영
마케팅 | 공태훈 윤재영   경영지원 | 김영석
출판등록 | 1980년 2월 14일(제2021-000318호)
주소 | 서울특별시 마포구 희우정로16길 21
대표전화 | 02-2635-1400   팩스 | 02-2635-1415
블로그 | blog.naver.com/hanulimkids   인스타그램 | www.instagram.com/hanulimkids

첫판 1쇄 펴낸날 | 2019년 10월 30일   9쇄 펴낸날 | 2022년 11월 23일
ISBN 978-89-5827-123-9 03370